CLASSIQUES LAROUSSE

Collection fondée en 1933 par FÉLIX GUIRAND
continuée par
LÉON LEJEALLE (1949 à 1968) et JEAN-POL CAPUT (1969 à 1972)
Agrégés des Lettres

21/20

DIDEROT

DISCOURS
DE LA POÉSIE
DRAMATIQUE

avec une Notice biographique, une Notice historique et littéraire,
des Notes explicatives, une Documentation thématique, des Jugements,
un Questionnaire et des Sujets de devoirs,

par
JEAN-POL CAPUT
Ancien élève de l'E.N.S. de Saint-Cloud
Agrégé de Lettres modernes

LIBRAIRIE LAROUSSE
17, rue du Montparnasse, 75298 PARIS

RÉSUMÉ CHRONOLOGIQUE
DE LA VIE DE DIDEROT
1713-1784

1713 — **Naissance à Langres de Denis Diderot,** fils de Didier Diderot, maître coutelier, et d'Angélique Vigneron, son épouse **(5 octobre).**

1723 — Diderot entre au collège des jésuites de Langres.

1726 — Il est tonsuré (22 août) : sa famille espère pour lui la succession de son oncle, le chanoine Didier Vigneron (celui-ci mourra deux ans plus tard).

1728-1732 — Venu à Paris, il suit les cours du collège Louis-le-Grand et fréquente le collège d'Harcourt.

1732 — Il est reçu maître ès arts de l'Université de Paris (2 septembre).

1733 — Il mène une existence assez irrégulière et vit, médiocrement, de travaux littéraires.

1741 — Il écrit une *Épître* en vers à Baculard d'Arnaud.

1742 — Il se lie avec J.-J. Rousseau, qui vient de s'installer à Paris.

1743 — Traduction de l'*Histoire de Grèce,* de Temple Stanyan, paraît en avril. — Malgré son père, il épouse Antoinette Champion à l'église Saint-Pierre-aux-Bœufs (novembre).

1745 — **Le libraire Le Breton propose à Diderot la direction de l'***Encyclopédie,* qui ne devait être, à l'origine, qu'une traduction de la *Cyclopaedia* de l'Anglais Chambers. — Il publie sa traduction de l'*Essai sur le mérite et la vertu* de Shaftesbury. — Diderot se lie avec Mᵐᵉ de Puisieux.

***

1746 — Privilège de l'*Encyclopédie.* — En juin, publication des *Pensées philosophiques.*

1747 — Diderot et d'Alembert acceptent la direction de l'*Encyclopédie.* — Diderot, dont l'irréligion a été dénoncée à Berryer, rédige la *Promenade du sceptique.*

1748 — En avril, nouveau privilège de l'*Encyclopédie.* — *Les Bijoux indiscrets,* roman libertin (janvier), *Mémoires sur différents sujets de mathématiques* (juin) et *Lettre au chirurgien Morand sur les troubles de la médecine et de la chirurgie* (décembre).

1749 — Diderot publie la **Lettre sur les aveugles,** qui lui vaut d'être **arrêté** et conduit à **Vincennes** (juillet); il signe un engagement écrit de soumission (août), et il est remis en liberté le 3 novembre.

1750 — Il se lie avec Grimm et d'Holbach. — En octobre, il publie le **Prospectus de l'***Encyclopédie.*

1751 — Polémique avec le père Berthier sur le *Prospectus* de l'*Encyclopédie* (janvier). — Publication de la *Lettre sur les sourds et les muets* (février). — Diderot et d'Alembert sont nommés membres de l'Académie de Berlin (mars). — **Le premier tome de l'***Encyclopédie* **paraît** en juin.

1752 — Le tome II de l'*Encyclopédie* paraît (janvier). — La thèse soutenue en Sorbonne par l'abbé de Prades, l'un des collaborateurs, est condamnée. Le 7 février, les deux volumes sont interdits. En mai, le gouvernement prie Diderot et d'Alembert de continuer leur œuvre. — Mᵐᵉ Diderot va à Langres et se réconcilie avec son beau-père (août).

1753 — Naissance de Marie-Angélique Diderot (septembre).

1754 — *Pensées sur l'interprétation de la nature* (janvier). — Séjour à Langres, d'octobre à décembre. Diderot révise, dans un sens plus avantageux pour lui, son contrat avec ses libraires (décembre).

1755 — Première lettre à Sophie Volland.

1756 — Diderot rejoint Rousseau à l'Ermitage (avril). — *Lettre à Landois sur le déterminisme et le fondement de la morale.* — Diderot rencontre Mᵐᵉ d'Epinay en novembre.

© *Librairie Larousse,* 1975.

ISBN 2-03-870046-X

1757 — Publication du *Fils naturel* (joué en 1771) et des **Entretiens avec Dorval** (février). — Rupture avec J.-J. Rousseau.

1758 — **D'Alembert quitte l'Encyclopédie,** mais Diderot déclare qu'il ne renoncera pas. — **Publication du Père de famille,** suivi du *Discours de la poésie dramatique.*

1759 — **Nouvelle condamnation de l'Encyclopédie** (janvier), dont sept tomes ont été publiés de 1751 à 1757; révocation du privilège (mars). — Mort du père de Diderot (juin). — Rédaction du premier *Salon* (septembre), publié dans la *Correspondance littéraire* de Grimm. Il rédigera régulièrement jusqu'en 1771 le compte rendu des Salons de peinture et de sculpture, qui se tiennent tous les deux ans.

1760 — Rédaction de *la Religieuse* (février), qui sera publiée en 1796.

1761 — Première représentation du *Père de famille*. — Révision des derniers tomes de l'*Encyclopédie*.

1762 — Publication en volume de l'*Éloge de Richardson*. — Sollicité par Catherine II d'aller terminer l'*Encyclopédie* en Russie, Diderot refuse. — **Ébauche du Neveu de Rameau.**

1763 — Lettre à M. de Sartine *Sur le commerce de la librairie* (août). — En octobre, rencontre de David Hume.

1764 — Malgré la découverte de la mutilation, par Le Breton, des dix derniers tomes de l'*Encyclopédie*, Diderot accepte de terminer l'ouvrage.

1765 — Diderot, tout en en conservant la jouissance, vend sa bibliothèque à Catherine II contre 15 000 livres et une pension annuelle de cent pistoles (avril). — *Essai sur la peinture* (septembre). — **Fin de l'impression des dix derniers volumes de l'Encyclopédie (décembre).**

**

1767 — Diderot est nommé membre de l'Académie des arts de Saint-Pétersbourg.

1769 — *Regrets sur ma vieille robe de chambre* (février). — **Rédaction de l'Entretien entre d'Alembert et Diderot,** du *Rêve de d'Alembert* et de la **Suite de l'Entretien.**

1770 — Voyage à Langres, puis à Bourbonne, avec M᧐ de Meaux et sa fille. *Les Deux Amis de Bourbonne; Apologie de Galiani* (décembre).

1771 — *Entretien d'un père avec ses enfants* (mars). — Première rédaction de *Jacques le Fataliste.*

1772 — Mariage de la fille de Diderot, Angélique, avec Caroillon de Vandeul. — *Ceci n'est pas un conte; Madame de la Carlière* (septembre). Première rédaction du *Supplément au « Voyage de Bougainville ».*

1773-1774 — **Voyage en Russie** par La Haye, Leipzig et Dresde. Pendant ce temps, Diderot rédige des notes sur son *Voyage de Hollande*, travaille à une *Réfutation de l'« Homme »* d'Helvétius et rédige les *Entretiens d'un philosophe avec la Maréchale de**, la *Politique des souverains*, le **Paradoxe sur le comédien.**

1775 — *Essai sur les études en Russie* et *Plan d'une université pour la Russie.* Huitième *Salon* (septembre).

1777 — Diderot passe une année à Sèvres et fait un travail considérable. — Il écrit peut-être une première version de la comédie *Est-il bon, est-il méchant?* — Il prépare la collection complète de ses œuvres.

1778 — **Essai sur les règnes de Claude et de Néron.** Essai sur la vie de Sénèque (décembre).

1781 — *Lettre apologétique de l'abbé Raynal à M. Grimm* (mars). Neuvième *Salon* (septembre).

1782 — Seconde édition de l'*Essai sur les règnes de Claude et de Néron.*

1784 — Diderot se remet difficilement d'une attaque d'apoplexie. — Février : mort de Sophie Volland. — **Mort de Diderot, le 31 juillet,** à Paris, et inhumation à l'église Saint-Roch le 1ᵉʳ août.

Diderot avait vingt-quatre ans de moins que Montesquieu; dix-neuf ans de moins que Voltaire; six ans de moins que Buffon; un an de moins que J.-J. Rousseau; quatre ans de plus que d'Alembert.

DIDEROT ET SON TEMPS

	la vie et l'œuvre de Diderot	le mouvement intellectuel et artistique	les événements historiques
1713	Naissance de Denis Diderot à Langres (5 octobre).	Addison : Caton (tragédie). Destouches : l'Irrésolu.	Traité d'Utrecht (guerre de Succession d'Espagne). Bulle Unigenitus.
1742	Rencontre de Jean-Jacques Rousseau.	Voltaire : Mahomet (tragédie). Ed. Young : Pensées nocturnes. Abbé Prévost : traduction de Pamela, de Richardson.	Traité de Berlin entre l'Autriche et la Prusse. Marie-Thérèse d'Autriche repousse les propositions de paix de Fleury (guerre de Succession d'Autriche).
1746	Débuts de l'Encyclopédie. Pensées philosophiques.	Condillac : Essai sur l'origine des connaissances humaines. Vauvenargues : Maximes. Marivaux : le Préjugé vaincu.	La Bourdonnais prend Madras. Mort de Philippe V d'Espagne.
1748	Les Bijoux indiscrets. Mémoires sur différents sujets de mathématiques. Lettre au chirurgien Morand.	Montesquieu : De l'esprit des lois. Richardson : Clarisse Harlowe. La Tour : Portrait de Louis XV.	Traité d'Aix-la-Chapelle, qui met fin à la guerre de Succession d'Autriche.
1749	Lettre sur les aveugles. Emprisonnement à Vincennes.	Buffon : Histoire naturelle (tomes I°-III); sa Théorie de la Terre est condamnée par la Sorbonne. Fielding : Tom Jones.	« Guerre de l'impôt », en France, à la suite de la création de l'impôt du vingtième.
1750	Diderot se lie avec Grimm et d'Holbach. Rédaction du Prospectus de l'Encyclopédie.	J.-J. Rousseau : Discours sur les sciences et les arts. Voltaire se rend à Berlin. Pigalle : l'Enfant à la cage.	Lutte entre Machault d'Arnouville et les privilégiés. Dupleix obtient le protectorat de Carnatic.
1751	Lettre sur les sourds et les muets. Premier tome de l'Encyclopédie.	Voltaire : le Siècle de Louis XIV.	En France : un édit suspend l'application du vingtième au clergé.
1752	Interdiction des deux premiers tomes de l'Encyclopédie (février), puis reprise de l'œuvre (mai).	Voltaire : Poème sur la loi naturelle; Micromégas.	Kaunitz est nommé chancelier d'Autriche; il pratiquera une politique de rapprochement avec la France.
1757	Brouille avec Jean-Jacques Rousseau. Le Fils naturel. Entretiens avec Dorval.	Bodmer édite la Nibelungenlied. Rameau : les Surprises de l'amour.	En France : attentat de Damiens, contre Louis XV. Invasion de la Bohême par Frédéric II (guerre de Sept Ans).

	Diderot	Les œuvres	Les événements
1758	Le Père de famille. Discours de la poésie dramatique. Départ de d'Alembert de l'Encyclopédie.	J.-J. Rousseau : Lettre à d'Alembert sur les spectacles. Helvétius : De l'esprit. Quesnay : Tableau économique.	Choiseul devient secrétaire d'Etat aux Affaires étrangères. Les Russes occupent la Prusse-Orientale.
1759	Nouvelle condamnation de l'Encyclopédie, Premier Salon. Mort du père de Diderot.	Voltaire : Candide. Wieland : Cyrus. Fondation du British Museum.	Les jésuites sont expulsés du Portugal et de son empire. Guerre généralisée en Europe centrale.
1760	Rédaction de la Religieuse.	Voltaire s'installe à Ferney. Macpherson : Ossian. Gainsborough : l'Amiral Hawkins.	Sac de Berlin par les Austro-Russes. Les Anglais occupent Montréal.
1762	Éloge de Richardson. Ebauche du Neveu de Rameau. Diderot décline l'invitation de Catherine II de venir terminer l'Encyclopédie en Russie.	J.-J. Rousseau : Émile; Du contrat social. Gluck : Orphée. Début de la construction du Petit Trianon par Gabriel.	Avènement de Catherine II en Russie. En France, le parlement supprime l'ordre des Jésuites. Procès et exécution de Calas.
1763	Troisième Salon. Rencontre de David Hume.	Voltaire : Traité de la tolérance. Reynolds : Portrait de Nelly O'Brien.	Traité de Paris, qui met fin à la guerre de Sept Ans.
1767	Cinquième Salon. Membre de l'Académie des arts de Saint-Pétersbourg.	Voltaire : l'Ingénu. Lessing : Minna von Barnhelm. Expérience de Watt sur la machine à vapeur.	Expulsion des jésuites d'Espagne (février) et de France (mai). Révision du procès Sirven.
1769	Regrets sur ma vieille robe de chambre. Le Rêve de d'Alembert. Entretien entre d'Alembert et Diderot.	Voltaire : Épître à Boileau; Histoire du parlement de Paris.	Naissance de Napoléon Bonaparte. Suppression du privilège de la Compagnie des Indes.
1771	Entretien d'un père avec ses enfants. Septième Salon. Première rédaction de Jacques le Fataliste.	Bougainville publie son Voyage autour du monde. Mort d'Helvétius. Houdon : Buste de Diderot.	Exil du parlement de Paris et réorganisation de la justice en France.
1773	Paradoxe sur le comédien. Voyage en Hollande et en Russie.	Goethe : Goetz von Berlichingen.	Le pape Clément XIV dissout l'ordre des Jésuites.
1778	Essai sur les règnes de Claude et de Néron. Essai sur la vie de Sénèque.	Buffon : les Époques de la nature. Mort de Voltaire. Mort de J.-J. Rousseau.	Alliance entre la France et les Etats-Unis d'Amérique.
1781	Neuvième Salon.	Kant : Critique de la raison pure.	Victoire franco-américaine de Yorktown.
1784	Mort de Diderot (31 juillet) à Paris.	Beaumarchais : le Mariage de Figaro. Reynolds : Portrait de Mrs. Siddons.	Traité de paix anglo-hollandais de Versailles.

BIBLIOGRAPHIE SOMMAIRE

OUVRAGES GÉNÉRAUX SUR DIDEROT

Yvon Belaval — *l'Esthétique sans paradoxe de Diderot* (Paris, Gallimard, 1950).

Georges May — *Quatre Visages de Diderot* (Paris, Boivin, 1951).

Charles Guyot — *Diderot par lui-même* (Paris, Seuil, 1953).

Herbert Dieckmann — *Cinq Leçons sur Diderot* (Genève, Droz, et Paris, Minard, 1959).

Jacques Proust — *Lectures de Diderot* (Paris, A. Colin, 1974).

Jacques Chouillet — *la Formation des idées esthétiques de Diderot* (Paris, A. Colin, 1973); *Diderot* (Paris, C.D.U.-S.E.D.E.S., 1978).

Jean-Claude Bonnet — *Diderot* (Paris, Librairie générale française, 1984).

SUR LA LANGUE DE DIDEROT

Jean Dubois, René Lagane et A. Lerond — *Dictionnaire du français classique* (Paris, Larousse, 1971.)

DISCOURS DE LA POÉSIE DRAMATIQUE
1758

NOTICE

CE QUI SE PASSAIT EN 1758

■ *EN POLITIQUE : La guerre de Sept Ans se poursuit. Choiseul devient secrétaire d'Etat aux Affaires étrangères. En Inde, la lutte franco-anglaise continue : Lally-Tollendal, gouverneur français, assiège Madras. Parallèlement, au Canada, Montcalm résiste de son mieux aux Anglais, mais doit les laisser prendre Cap-Breton et le fort Louisbourg.*

■ *DANS LES LETTRES : Jean-Jacques Rousseau fait paraître sa Lettre à d'Alembert sur les spectacles, en réponse à l'article Genève de l'Encyclopédie. Quesnay : Tableau économique et Maximes générales. Helvétius : De l'esprit. Voltaire achète la terre de Ferney ; il publie, contre Fréron, la satire le Pauvre Diable.*

■ *DANS LES SCIENCES : Bernard de Jussieu est chargé par le roi de diriger la plantation d'un jardin botanique à Trianon ; il préfère au système de Linné une méthode naturelle qui tienne compte de l'ensemble des rapports.*

CIRCONSTANCES DE PUBLICATION

Il est devenu assez banal de souligner la vogue extrême du théâtre au XVIIIᵉ siècle : les salles, publiques ou privées, se multiplient ; parallèlement, des particuliers jouent, pour leur plaisir et pour celui de leurs amis, la comédie. Une volumineuse production atteste cet intérêt, tandis que peu de noms réussiront à s'illustrer dans ce genre : hors Marivaux et Beaumarchais, il ne reste que des dramaturges de second rang, au mieux. Diderot, en quelque sorte, se situe entre l'un, qu'il n'apprécie guère, et l'autre. Sans doute cette situation assez particulière — goût extrême pour un genre qui ne fait guère que survivre sous sa forme classique et s'essouffle — est-elle à l'origine des tentatives de renouvellement que tentent Mercier, Beaumarchais et surtout Diderot. Encore y faut-il ajouter l'usage polémique et engagé que les philosophes veulent faire du théâtre.

Toutefois, si le drame bourgeois marque une date dans l'histoire du théâtre français, les œuvres dramatiques d'un certain intérêt ne sont guère celles de Diderot; on citera plus volontiers Sedaine ou Mercier. De notre philosophe, on lira plus volontiers les textes doctrinaux — et c'est cette observation qui nous a guidé ici dans le choix des textes à présenter au public. En effet, dans un premier volume nous avons proposé *le Fils naturel,* accompagné des *Entretiens,* car ces deux œuvres sont difficilement dissociables. Dans celui-ci, nous avons choisi délibérément de donner le *Discours de la poésie dramatique* dans son ensemble. On trouvera une scène du *Père de famille* dans la Documentation thématique de L.-S. Mercier, *la Brouette du Vinaigrier.* Sans doute cette seconde pièce passe généralement pour meilleure que la première au regard de la critique, mais elle reste d'intérêt limité, et sa connaissance n'est pas indispensable pour lire le *Discours.*

La publication du *Père de famille* n'eut pas de quoi surprendre. A la fin du *IIIᵉ Entretien sur « le Fils naturel »,* Diderot l'annonçait : « Ce sujet me tourmente, et je sens qu'il faudra que tôt ou tard je me délivre de cette fantaisie. » Mais ce n'était là qu'un projet, comme Diderot en fit beaucoup, et que rien à l'époque ne vient préciser. Dans le même texte, l'auteur ajoute : « *Le Père de famille* prendra une teinte comique »; or, la lecture de la pièce laisse une impression qui contredit cette affirmation. Malheureusement pour Diderot, les circonstances se prêtent mal à ses desseins. Il s'en plaint d'ailleurs rétrospectivement dans le *Discours* (chapitre X, lignes 326-336) : on est en pleine bataille encyclopédique. Les *Petites Lettres sur de grands philosophes* de Palissot paraissent en novembre 1757; en janvier 1758, le P. Hayet publie, contre l'*Encyclopédie, la Religion vengée;* simultanément, d'Alembert abandonne Diderot dans la direction de leur œuvre gigantesque, tandis que le mois suivant Voltaire réclame ses articles manuscrits. Peu à peu, néanmoins, le calme reviendrait si la publication (juillet) et la condamnation (août 1758) de l'*Esprit* d'Helvétius ne rallumaient la guerre encyclopédique. C'est dans ce climat et en dépit de ces difficultés que fut composé *le Père de famille.* De même que *le Fils naturel* avait été accompagné d'une étude mi-critique mi-doctrinale, les *Entretiens,* la seconde pièce est associée à un texte de même ordre, le *Discours de la poésie dramatique,* dont la présentation a la sécheresse d'un traité et non plus la souplesse d'un dialogue. Une citation de l'*Esprit* d'Helvétius, contenue dans le texte, nous atteste que Diderot y travaille encore dans l'été 1758. Toutefois, la censure retarde la parution de l'ensemble jusqu'au début du mois de novembre. L'édition originale paraît chez Michel Lambrot, sous le timbre d'Amsterdam, format in-8°. Le *Discours* fut réédité trois fois du vivant de l'auteur, en 1759 (*Œuvres de théâtre*), 1771 (à Paris) et 1772 (Amsterdam). Les nombreuses rééditions du *Père de famille* l'excluent habituellement. Il faut noter enfin que l'organisation du *Discours* en chapitres est postérieure à 1772.

LES IDÉES ESSENTIELLES DU « DISCOURS »

Autant les *Entretiens* présentaient un caractère de souplesse, pour ne pas dire de fantaisie parfois, dans leur organisation interne, autant, de prime abord, le *Discours* marque une volonté de rigueur extrême. Les premiers contenaient des considérations extérieures à l'art dramatique : chaque entretien s'ouvrait ou se fermait sur des remarques sur la nature, sur l'état d'âme de Dorval, sur le génie. Rien de tel ici; la seule digression importante est une étude sur l'imagination (chapitre X); encore cette recherche est-elle liée au thème traité dans ce passage : l'illusion, l'emploi du merveilleux. Quant au passage célèbre sur la poésie et ses exigences, dans le chapitre XVIII, il est plus un élargissement à la poésie, prise au sens de « création littéraire », des remarques faites sur la littérature dramatique, qu'un développement autonome. En revanche, les titres des différents chapitres ne sont pas toujours un reflet exact et complet du contenu qu'ils doivent présenter. Certains correspondent précisément au développement : c'est le cas, entre autres, des chapitres III, IV, XIV, XV, XIX, XX, XXI. Il s'agit là de chapitres brefs, traitant d'un point précis, ou de chapitres expliquant une innovation qui tient au cœur de Diderot, tel le chapitre XXI. Quoi qu'il en soit, reste significatif le fait que l'auteur ait tenu à donner une armature rigoureuse à son exposé : division en chapitres, dont chacun porte un titre, résumé-sommaire en forme de table analytique des matières de l'ouvrage. Cette présentation, d'ailleurs, fut diversement appréciée par les contemporains : elle fit passer l'ouvrage pour rébarbatif.

LE « DISCOURS DE LA POÉSIE DRAMATIQUE »

PLAN THÉMATIQUE

On trouvera dans le tableau ci-dessous, regroupé sous trois rubriques, l'essentiel des thèmes abordés par Diderot. Les numéros entre parenthèses renvoient aux chapitres du Discours.

A. *LE THÉÂTRE : ÉTUDE INTERNE*

    I. Les différents genres dramatiques :
        a) hiérarchie des genres (I);
        b) quelques genres nouveaux :
            — la comédie sérieuse (II);
            — le drame moral (III);
            — le drame philosophique (IV);
        c) le drame burlesque (VI).

2. L'élaboration d'une pièce de théâtre :

   a) esquisse (VIII);
   — intrigue, simple ou composée (V);
   — incidents (IX);
   — merveilleux (X);
   — intérêt et « suspense » (XI);
   b) plan (VII, X);
   — ordre de composition (X);
   — exposition (XII);
   — découpage de l'action :
      — les actes (XIV);
      — les entractes (XV);
   — composition d'une scène (XVI);
   c) dialogue (VII);
   — monologue (VII, XI, XVII);
   — pantomime (XXI);
   d) ton (XVII);
   — caractères (XIII);
   — vers ou prose (X).

3. La représentation d'une pièce de théâtre :

   a) décoration (XIX);
   b) costumes (XX).

4. Critiques d'œuvres dramatiques (points de vue techniques).

   a) Diderot :
      — *le Fils naturel* (X, XVII);
      — *le Père de famille* (V, VIII, X, XI, XVI, XVII, XX);
   b) auteurs anciens : Aristophane, Euripide, Plaute, Térence;
   c) auteurs modernes étrangers : Shakespeare, Lillo;
   d) auteurs français : Bret, Corneille, Molière, Racine, Voltaire.

B. *LE THÉÂTRE : ÉTUDE EXTERNE*

1. Valeur et exigences du théâtre :

   a) la vérité (XVII);
   b) la morale (VI, XVIII, XXII);
   c) le goût (XVIII, XXII).

2. Les relations du théâtre avec les mœurs (I, II, VI, XVIII, XXII).

3. Le drame et les autres formes d'expression artistique et littéraire :

a) drame et histoire (X);

b) drame et roman (X, XXI);

c) drame et peinture (XI, XIII, XXI).

4. Auteurs et critiques (I, II, VIII, X, XI, XII, XIV, XVII, XVIII, XXI, XXII).

C. DE LA POÉSIE EN GÉNÉRAL

1. L'imagination (X).

2. De la poésie (XVIII).

LE « DISCOURS » ET LES « ENTRETIENS SUR *LE FILS NATUREL* »

Par deux fois en deux ans (1757 et 1758), Diderot revient sur le thème du théâtre, associant la mise au jour d'une doctrine avec l'application de ses idées dans deux pièces de même veine, en dépit de quelques différences de procédé et d'objectif. On est donc fondé à rapprocher les idées émises dans les *Entretiens* et dans le *Discours :* y a-t-il élargissement ou évolution des uns à l'autre? Tout d'abord, il convient de souligner que les deux textes n'envisagent pas le théâtre de la même manière. En effet, les *Entretiens* sont étroitement liés au *Fils naturel :* c'est au fil de la lecture de la pièce que la discussion s'organise, tantôt pour justifier ou critiquer telle scène, tel procédé employé, tantôt pour en tirer, par élargissement, une idée de portée plus générale. Seul le *IIIe Entretien* s'élève au-dessus de la pièce et élargit le débat. De là l'obligation, que nous avons cru devoir signaler dans la Notice (page 10), d'étudier conjointement *le Fils naturel* et les *Entretiens*. Rien de tel avec le *Discours*. Sans doute ce dernier fait-il allusion au *Père de famille,* dont un aspect ou un autre sert d'illustration à une idée avancée, mais nous ne relevons que sept mentions de cette pièce pour vingt-deux chapitres; en outre, jamais la critique n'atteint la minutie du commentaire fait dans les *Entretiens* à propos du *Fils naturel;* enfin, cette dernière pièce est encore ici citée deux fois — dont l'une constitue une apologie systématique et sans appel. Le *Discours* est donc un texte indépendant, tandis que les *Entretiens* sont étroitement associés à la pièce qui les suscite. D'autre part, le point de vue adopté est également différent : *le Fils naturel* est la dramatisation d'un fait vrai, tel est le postulat de base. Les *Entretiens* vont donc souvent, à propos de tel ou tel aspect de l'œuvre, débattre des relations entre le vrai et le théâtre, Diderot privilégiant le premier aux dépens des conventions reçues par l'autre. Il n'en va pas ainsi dans *le Père de famille,* pièce inventée, ou donnée pour telle. C'est la critique qui rapproche, à juste titre d'ailleurs, certains faits de la vie de l'auteur avec l'intrigue : comme Saint-Albin, Diderot avait un logement pauvre voisin de celui de sa future épouse; l'auteur prête au jeune homme cet enthousiasme qui l'habite; Mme Champion se retrouve dans le personnage de Mme Hébert, mais c'est Sophie Volland qui prête ses traits et son nom à la jeune héroïne; le père de Diderot sert de modèle à M. d'Orbellon. Diderot ne fait aucune allusion à ces rapprochements : il y a donc des points de contact entre la doctrine affichée dans *le Fils naturel* et la réalité qui sous-tend *le Père de famille*. Mais c'est tout.

Cependant, pour fondamentales qu'elles soient, ces différences n'excluent pas des rapprochements possibles. Mais ils sont dans les thèmes abordés, non dans la structure de l'œuvre ou dans ses perspectives. Pour s'en rendre compte, il suffirait de rapprocher l'étude analytique des thèmes du *Discours* (voir plus haut, pages 11-13) avec l'analyse des thèmes des *Entretiens* (« Nouveaux Classiques Larousse », Notice du *Fils naturel*). Dans les deux textes, nous trouvons une hiérarchie des genres dramatiques, une étude sur le drame burlesque; l'un et l'autre ouvrage propose au théâtre un but moral, insiste sur la vraisemblance, accorde une place de choix à la pantomime, étudie le rôle que peut jouer le merveilleux. La technique du monologue est abordée dans les deux textes; Diderot insiste sur le fait que drame bourgeois et comédie sérieuse doivent être écrits en prose. Si les *Entretiens* souhaitent que les acteurs disposent d'une certaine liberté d'interprétation du texte, le *Discours* fait l'éloge des comédiens italiens lorsque ceux-ci improvisent.

En réalité, les deux textes sont complémentaires et d'objectif différent; les *Entretiens*, à travers la critique du *Fils naturel*, s'efforcent de mettre au point la poétique d'un genre : le drame bourgeois. Sur ce plan, donc, cette œuvre est beaucoup plus riche et plus précise que le *Discours*. Ce dernier, au contraire, se veut plus général; donc il traite du théâtre en général au double point de vue : la place des spectacles dramatiques dans la cité, sa valeur et ses exigences; la manière de créer et de représenter une pièce de théâtre, quel qu'en soit le genre, de la tragédie à la comédie. L'on comprend mieux dès lors pourquoi les *Entretiens* sont liés étroitement au *Fils naturel* — ils veulent tirer les préceptes de l'observation critique de la pièce —, tandis que le *Discours* est indépendant : son objet déborde largement la « comédie sérieuse » que serait *le Père de famille*, pour se fixer sur le théâtre en général. Diderot ne va-t-il pas, accidentellement il est vrai, jusqu'à rechercher l'essence de la poésie en général (chapitre XVIII) ?

PORTÉE DU « DISCOURS »

Les contemporains, à la parution, réagirent avec prudence. Nous avons signalé plus haut que la forme rigide, d'apparence didactique, du texte avait sinon rebuté, du moins indisposé certains. Il y eut sans doute des éloges : Grimm, à qui est dédié le *Discours*, soulignait, dans sa *Correspondance littéraire*, qu'entre la tragédie et la comédie traditionnelles s'ouvraient trois possibilités nouvelles au théâtre : une tragédie domestique, une comédie tendant au pathétique et une comédie imitée de Térence. C'est en effet un des mérites du *Discours* que d'avoir proposé clairement ces orientations à un théâtre qui, en dehors de Marivaux, s'épuisait dans une imitation médiocre des pièces classiques. On se souvient en effet de ce vers satirique :

> Sur le Racine mort, le Campistron fourmille.

Quant à la comédie, qui se soucie encore des Dancourt, des Regnard, à moins que ce soit pour des raisons d'histoire littéraire ? Il était donc au moins bienvenu de proposer des moyens de renouvellement — même si les œuvres produites dans cette voie n'ont pas été d'une grande qualité. Hors de Grimm, Diderot recueillit peu d'encouragements; ni Marmontel ni l'abbé de La Porte ne se montrèrent enthousiasmés. Fréron, de son côté, ne se déchaîna pas contre lui : c'est en 1761 seulement qu'il fit la critique du texte dans *l'Année littéraire*. Lessing, en Allemagne, dix ans après, fera un éloge particulièrement vif de Diderot dramaturge, dont, dès 1760, il avait traduit les œuvres dramatiques, les faisant précéder d'une Préface vibrante.

Quelle est la valeur de ce *Discours* ? Tout d'abord, historiquement, il faut rappeler la place qu'occupe Diderot, d'après le témoignage même de ses contemporains ou de ses successeurs immédiats. Il est salué comme le théoricien du nouveau genre dramatique par L. S. Mercier *(Essai sur l'art dramatique; Nouvel Essai)* et par Beaumarchais *(Essai sur le genre dramatique sérieux)* [1]. Ceux-ci, dans leurs œuvres doctrinales, apprendront, compléteront, préciseront ses idées, poursuivront dans le même sens son effort. Les *Entretiens* et le *Discours*, lus et médités, guideront les auteurs de drames bourgeois. Sans doute dira-t-on que les œuvres ainsi produites sont souvent médiocres; cela ne suffit pas pour dévaluer l'effort de Diderot. D'abord, le drame bourgeois est représenté par un assez grand nombre d'œuvres dans la seconde moitié du XVIIIᵉ siècle; elles ne sont d'ailleurs pas toutes aussi mauvaises qu'on veut bien le dire. En outre, cette production correspond à un fait historique qui mérite l'intérêt et, de plus, constitue, par là même, un maillon nécessaire dans l'évolution du théâtre français. Nous avons vu aussi l'influence exercée par Diderot sur Lessing. En second lieu, le *Discours*, autant que les *Entretiens*, porte témoignage sur la personnalité diverse, mobile, attachante de son auteur. Nous avons signalé, à propos des *Entretiens*, le goût du pathétique, le souci de la mimique gestuelle affirmés dans le texte de la pièce aussi bien que dans son commentaire critique. Nous retrouvons ici les mêmes tendances réaffirmées. Rappelons

---

1. Cf. la Documentation thématique.

simplement que *le Neveu de Rameau*, les *Salons*, *Jacques le Fataliste* portent témoignage de ces mêmes faits. Signalons enfin sur ce plan que le naturel, la nature se définissent chez Diderot d'une manière non seulement différente, mais nouvelle par comparaison avec les autres écrivains du XVIIIᵉ siècle, comme Voltaire. Car, et c'est le troisième point, le *Discours* nous apporte quelque chose de prophétique : avec Diderot apparaît une sensibilité nouvelle, une esthétique originale. Il suffit de relire le passage célèbre du chapitre XVIII sur les exigences de la poésie pour se convaincre que nous sommes là plus près du romantisme allemand et anglais que du néo-classicisme voltairien. Et c'est sans doute la raison qui explique la froideur de l'accueil réservé par les contemporains à ce *Discours* : il était trop neuf, remettait en cause les fondements esthétiques d'une civilisation qui restait encore fondée sur le goût classique. En revanche, les romantiques rendront justice à Diderot.

SOMMAIRES

I. DES GENRES DRAMATIQUES. — De l'habitude des peuples. Des limites de l'art. De l'injustice des hommes. Se complaire dans son travail. Chercher les suffrages de ses amis. Attendre les autres du temps. Intervalle des genres. Système dramatique.

II. DE LA COMÉDIE SÉRIEUSE. — Des qualités du poète en ce genre. Objection. Réponse. Juger les productions de l'esprit en elles-mêmes. Avantages du comique honnête et sérieux, surtout chez un peuple corrompu. De quelques scènes du *Faux Généreux*. De l'honnête. Seconde objection. Réponse. *Le Juge*, comédie, sujet proposé. Manière de juger un ouvrage dramatique. De la nature humaine. Du spectacle. Des fictions. Du poète, du romancier et du comédien. Du but commun à tous les arts d'imitation. Exemple d'un tableau honnête et pathétique.

III. D'UNE SORTE DE DRAME MORAL. — Ses règles, ses avantages. Des impressions. Des applaudissements.

IV. D'UNE SORTE DE DRAME PHILOSOPHIQUE. — La mort de Socrate, exemple de ce drame. Du drame ancien et de sa simplicité.

V. DES DRAMES SIMPLES ET DES DRAMES COMPOSÉS. — Le drame simple préféré, et pourquoi. Difficulté de conduire deux intrigues à la fois. Exemples tirés de *l'Andrienne* et de *l'Heautontimorumenos*. Observation sur la conduite du *Père de famille*. Inconvénient des incidents multipliés.

VI. DU DRAME BURLESQUE. — De son action et de son mouvement. Il exige une gaieté originale. Il n'est pas donné à tous d'y réussir. D'Aristophane. L'usage que le gouvernement pourrait faire d'un bon farceur. De l'action et du mouvement en général. De son accroissement.

VII. DU PLAN ET DU DIALOGUE. — Quel est le plus difficile? Des qualités du poète pour former un plan. De ses qualités pour bien dialoguer. Le plan et le dialogue ne peuvent être de deux mains différentes. Un même sujet fournira plusieurs plans; mais les caractères étant donnés, les discours sont uns. Il y a plus de pièces bien dialoguées que de pièces bien ordonnées. Un poète forme son plan, et projette ses scènes d'après son talent et son caractère. Du soliloque et de son avantage. Défaut des jeunes poètes.

VIII. DE L'ESQUISSE. — Idée d'Aristote. Poétiques d'Aristote, d'Horace et de Boileau. Exemple d'esquisse d'un poème tragique. Exemple d'esquisse d'un poème comique. Avantages de l'esquisse. Moyen de la féconder et d'en faire sortir les incidents.

IX. DES INCIDENTS. — Du choix des incidents. Molière et Racine, cités. Des incidents frivoles. De la fatalité. Objection. Réponse. Térence et Molière, cités. Des fils. Des fils tendus à faux. Molière, cité.

X. DU PLAN DE LA TRAGÉDIE ET DU PLAN DE LA COMÉDIE. — Quel est le plus difficile? Trois ordres de choses. Le poète comique, créateur de son genre. Son modèle. La poésie comparée à l'histoire plus utilement qu'à la peinture. Du merveilleux. Imitation de la nature dans la combinaison des incidents extraordinaires. Des incidents simultanés. Du vernis romanesque. De l'illusion. L'illusion, quantité constante. Du drame et du roman. *Télémaque*, cité. Tragédies toutes d'invention. De la tragédie domestique. S'il faut l'écrire en vers. Résumé. Du poète et du versificateur. De l'imagination. De la réalité et de la fiction. Du philosophe et du poète. Ils sont conséquents et inconséquents dans le même sens. Éloge de l'imagination. Imagination réglée. Racheter le merveilleux par des choses communes. De la composition du drame. Faire la première scène la première, et la dernière scène la dernière. De l'influence des scènes les unes sur les autres. Objection. Réponse. Du *Père de famille*. De l'*Ami sincère* de Goldoni. Du *Fils naturel*. Réponse aux critiques du *Fils naturel*. De la simplicité. De la lecture des anciens. De la lecture d'Homère. Son utilité au poète dramatique, prouvée par quelques morceaux traduits.

XI. DE L'INTÉRÊT. — Perdre de vue le spectateur. Faut-il l'instruire ou le tenir dans l'ignorance des incidents? Ineptie des règles générales. Exemples tirés de *Zaïre*, d'*Iphigénie en Tauride* et de *Britannicus*. Le sujet où les réticences sont néces-

saires est ingrat. Preuves tirées du *Père de famille* et de
l'*Hécyre* de Térence. De l'effet des monologues. De la nature
de l'intérêt et de son accroissement. De l'art poétique et de
ceux qui en ont écrit. Si un homme de génie compose jamais
un art poétique, savoir si le mot *spectateur* s'y trouvera.
D'autres modèles, d'autres lois. Comparaison du peintre et
du poète dramatique. L'attention du poète au spectateur gêne
le poète et suspend l'action. Molière, cité.

XII. DE L'EXPOSITION. — Qu'est-ce que c'est? Dans la comédie.
Dans la tragédie. Y a-t-il toujours une exposition? De l'avant-
scène, ou du moment où commence l'action. Il importe de
l'avoir bien choisi. Il faut avoir un censeur, et qui soit homme
de génie. Expliquer ce qu'il faut expliquer. Négliger les minu-
ties. Débuter fortement. Cependant une première situation
forte n'est pas sans inconvénient.

XIII. DES CARACTÈRES. — Il faut les mettre en contraste avec
les situations et les intérêts, et non entre eux. Du contraste
des caractères entre eux. Examen de ce contraste. Le contraste
en général vicieux. Celui des caractères, multiplié dans un
drame, le rendrait maussade. Fausse supposition qui le prouve.
Il montre l'art. Il ajoute au vernis romanesque. Il gêne la
conduite. Il rend le dialogue monotone. Bien fait, il rendrait
le sujet du drame équivoque. Preuves tirées du *Misanthrope*
de Molière et des *Adelphes* de Térence. Drames sans contraste,
plus vrais, plus simples, plus difficiles et plus beaux. Il n'y a
point de contraste dans la tragédie. Corneille, Plaute, Molière,
Térence, cités. Le contraste des sentiments et des images est
le seul qui me plaise. Ce que c'est. Exemples tirés d'Homère,
de Lucrèce, d'Horace, d'Anacréon, de Catulle, de l'*Histoire
naturelle*, de l'*Esprit*. D'un tableau du Poussin. Du contraste
par la vertu. Du contraste par le vice. Contraste réel. Contraste
feint. Les Anciens n'ont pas connu le contraste.

XIV. DE LA DIVISION DE L'ACTION ET DES ACTES. — De quelques
règles arbitraires, comme paraître ou être annoncé; rentrer
sur la scène; couper ses actes à peu près de la même longueur. Exemples du contraire.

XV. DES ENTRACTES. — Ce que c'est. Quelle en est la loi.
L'action ne s'arrête pas, même dans l'entracte. Chaque acte
d'une pièce bien faite pourrait avoir un titre. Des scènes sup-
posées. Précepte important là-dessus. Exemple de ce précepte.

XVI. Des scènes. — Voir son personnage quand il entre. Le faire parler d'après la situation de ceux qu'il aborde. Oublier le talent de l'acteur. Défaut des modernes, dans lequel sont aussi tombés les Anciens. Des scènes pantomimes. Des scènes parlées. Des scènes pantomimes et parlées. Des scènes simultanées. Des scènes épisodiques. Avantages et exemples rares de ces scènes.

XVII. Du ton. — Chaque caractère a le sien. De la plaisanterie. De la vérité du discours en philosophie et en poésie. Peindre d'après la passion et l'intérêt. Combien il est injuste de confondre le poète et le personnage. De l'homme, et de l'homme de génie. Différence d'un dialogue et d'une scène. Dialogue de Corneille et de Racine, comparé. Exemples. De la liaison du dialogue par les sentiments. Exemples. Dialogue de Molière. *Les Femmes savantes* et *le Tartuffe*, cités. Du dialogue de Térence. *L'Eunuque*, cité. Des scènes isolées. Difficultés des scènes lorsque le sujet est simple. Faux jugement du spectateur. Des scènes du *Fils naturel* et du *Père de famille*. Du monologue. Règle générale, et peut-être la seule de l'art dramatique. Des caricatures. Du faible et de l'outré. Térence, cité. Des Daves. Des amants de la scène ancienne, et des nôtres.

XVIII. Des mœurs. — De l'utilité des spectacles. Des mœurs des comédiens. De l'abus prétendu des spectacles. Des mœurs d'un peuple. Tout peuple n'est pas également propre à réussir dans toutes sortes de drames. Du drame sous différents gouvernements. De la comédie dans un état monarchique. Inconvénient. De la poésie et des poètes chez un peuple esclave et avili. Des mœurs poétiques. Des mœurs anciennes. De la nature propre à la poésie. Des temps qui annoncent la naissance des poètes. Du génie. De l'art d'embellir les mœurs. Bizarreries des peuples policés. Térence, cité. Cause de l'incertitude du goût.

XIX. De la décoration. — Montrer le lieu de la scène tel qu'il est. De la peinture théâtrale. Deux poètes ne peuvent à la fois se montrer avec un égal avantage. Du drame lyrique.

XX. Des vêtements. — Du mauvais goût. Du luxe. De la représentation de *l'Orphelin de la Chine*. Des personnages du *Père de famille* et de leurs vêtements. Discours adressé à une célèbre actrice de nos jours.

XXI. De la pantomime. — Du jeu des comédiens italiens. Objection. Réponse. Du jeu des principaux personnages. Du jeu des personnages subalternes. Pédanterie de théâtre. La pantomime, portion importante du drame. Vérité de quelques scènes pantomimes. Exemples. Nécessité d'écrire le jeu. Quand, et quel est son effet. Térence et Molière, cités. On connaît si le poète a négligé ou considéré la pantomime. S'il l'a négligée, on ne l'introduira point dans son drame. Molière l'avait écrite. Très humbles représentations à nos critiques. Endroits des anciens poètes obscurs, et pourquoi? La pantomime, partie importante du roman. Richardson, cité. Scène d'Oreste et de Pylade avec sa pantomime. Mort de Socrate avec sa pantomime. Lois de la composition, communes à la peinture et à l'action dramatique. Difficulté de l'action théâtrale, sous ce point de vue. Objection. Réponse. Utilité de la pantomime écrite pour nous. Qu'est-ce que la pantomime? Qu'est-ce que le poète qui l'écrit dit au peuple? Qu'est-ce qu'il dit au comédien? Il est difficile de l'écrire, et facile de la critiquer.

XXII. Des auteurs et des critiques. — Critiques comparés à certains hommes sauvages, à une espèce de solitaire imbécile. Vanité de l'auteur. Vanité du critique. Plaintes des uns et des autres. Équité du public. Critique des vivants. Critique des morts. Le succès équivoque du *Misanthrope*, consolation des auteurs malheureux. L'auteur est le meilleur critique de son ouvrage. Auteurs et critiques, ni assez honnêtes gens, ni assez instruits. Liaison du goût avec la morale. Conseils à un auteur. Exemple proposé aux auteurs et aux critiques dans la personne d'Ariste. Soliloque d'Ariste, sur le vrai, le bon et le beau. Fin du discours sur la poésie dramatique.

« Qu'est-ce qu'Aristophane ? Un farceur original. Un auteur de
cette espèce doit être précieux pour le gouvernement, s'il sait
l'employer. » (Page 36, lignes 17-20.)

« J'en appelle aux beaux endroits de Térence... » (Page 28, ligne 104.)

Aristophane et Térence.

Sculpture antique. Naples, Musée national.

DE
LA POÉSIE DRAMATIQUE

À MONSIEUR GRIMM

...Vice cotis acutum
Reddere quae ferrum valet, exsors ipsa secandi.
HORAT., *de Arte poet.*[1]

[I. DES GENRES DRAMATIQUES.]

Si un peuple n'avait jamais eu qu'un genre de spectacle, plaisant et gai, et qu'on lui en proposât un autre, sérieux et touchant, sauriez-vous, mon ami, ce qu'il en penserait? Je me trompe fort, ou les hommes de sens, après en avoir conçu
5 la possibilité, ne manqueraient pas de dire : « A quoi bon ce genre? La vie ne nous apporte-t-elle pas assez de peines réelles, sans qu'on nous en fasse encore d'imaginaires? Pourquoi donner entrée à la tristesse jusque dans nos amusements? » Ils parleraient comme des gens étrangers au plaisir de s'atten-
10 drir et de répandre des larmes.

L'habitude nous captive[2]. Un homme a-t-il paru avec une étincelle de génie? A-t-il produit quelque ouvrage? D'abord[3] il étonne et partage les esprits; peu à peu il les réunit; bientôt il est suivi d'une foule d'imitateurs; les modèles se multi-
15 plient, on accumule les observations, on pose des règles, l'art naît, on fixe ses limites; et l'on prononce que tout ce qui n'est pas compris dans l'enceinte étroite qu'on a tracée, est bizarre

---

1. « Je veux jouer le rôle de la pierre à aiguiser, capable de rendre le fer tranchant sans avoir elle-même la propriété de couper » (Horace, *Art poétique*, vers 304-305); 2. *Captiver* : retenir prisonnier (sens propre); 3. *D'abord* : sur le moment même.

et mauvais : ce sont les colonnes d'Hercule[1]; on n'ira point
au-delà, sans s'égarer.

20   Mais rien ne prévaut contre le vrai. Le mauvais passe,
malgré l'éloge de l'imbécillité[2]; et le bon reste, malgré l'indé-
cision de l'ignorance et la clameur de l'envie. Ce qu'il y a
de fâcheux, c'est que les hommes n'obtiennent justice que
quand ils ne sont plus. Ce n'est qu'après qu'on a tourmenté
25 leur vie, qu'on jette sur leurs tombeaux quelques fleurs ino-
dores. Que faire donc? Se reposer, ou subir une loi à laquelle
de meilleurs que nous ont été soumis. Malheur à celui qui
s'occupe, si son travail n'est pas la source de ses instants les
plus doux, et s'il ne sait pas se contenter de peu de suffrages!
30 Le nombre des bons juges est borné. O mon ami, lorsque
j'aurai publié quelque chose, que ce soit l'ébauche d'un drame,
une idée philosophique, un morceau de morale ou de littérature, car mon esprit se délasse par la variété, j'irai vous voir.
Si ma présence ne vous gêne pas, si vous venez à moi d'un
35 air satisfait, j'attendrai sans impatience que le temps et l'équité,
que le temps amène toujours, aient apprécié mon ouvrage.

    S'il existe un genre, il est difficile d'en introduire un nou-
veau. Celui-ci est-il introduit? Autre préjugé : bientôt on
imagine que les deux genres adoptés sont voisins et se touchent.

40   Zénon niait la réalité du mouvement. Pour toute réponse,
son adversaire[3] se mit à marcher; et quand il n'aurait fait
que boiter, il eût toujours répondu.

    J'ai essayé de donner, dans *le Fils naturel*[4], l'idée d'un drame
qui fût entre la comédie et la tragédie.

45   *Le Père de famille*, que je promis alors[5], et que des distractions[6] continuelles ont retardé, est entre le genre sérieux du
Fils naturel et la comédie.

    Et si jamais j'en ai le loisir et le courage, je ne désespère
pas de composer un drame qui se place entre le genre sérieux
50 et la tragédie.

    Qu'on reconnaisse à ces ouvrages quelque mérite, ou qu'on

---

1. Les *colonnes d'Hercule* (le détroit de Gibraltar) étaient considérées dans l'Anti-
quité comme les limites au-delà desquelles il était imprudent à un navigateur de
s'aventurer; 2. *Imbécillité* : ici faiblesse d'esprit; 3. *Son adversaire* : Diogène le
Cynique, philosophe grec (413-323 av. J.-C.). *Zénon* d'Élée, philosophe grec du
Ve siècle av. J.-C., disciple de Parménide; 4. *Le Fils naturel* : drame de Diderot (1757).
Voir le texte dans les « Nouveaux Classiques Larousse »; 5. Voir les *Entretiens sur
« le Fils naturel »* des « Nouveaux Classiques Larousse »; 6. *Distractions* : occupations qui empêchent de réaliser un projet.

ne leur en accorde aucun; ils n'en démontreront pas moins
que l'intervalle que j'apercevais entre les deux genres établis
n'était pas chimérique. (1)

[II. De la comédie sérieuse.]

Voici donc le système dramatique dans toute son étendue.
La comédie gaie, qui a pour objet le ridicule et le vice, la
comédie sérieuse, qui a pour objet la vertu et les devoirs de
l'homme. La tragédie, qui aurait pour objet nos malheurs
5 domestiques; la tragédie, qui a pour objet les catastrophes
publiques et les malheurs des grands. (2)

Mais, qui est-ce qui nous peindra fortement les devoirs
des hommes? Quelles seront les qualités du poète[1] qui se
proposera cette tâche?

10 Qu'il soit philosophe, qu'il ait descendu en lui-même, qu'il
y ait vu la nature humaine, qu'il soit profondément instruit
des états de la société, qu'il en connaisse bien les fonctions
et le poids, les inconvénients et les avantages.

« Mais, comment renfermer, dans les bornes étroites d'un
15 drame, tout ce qui appartient à la condition d'un homme?
Où est l'intrigue qui puisse embrasser cet objet? On fera,
dans ce genre, de ces pièces que nous appelons à tiroir; des
scènes épisodiques succéderont à des scènes épisodiques et
décousues, ou tout au plus liées par une petite intrigue qui

---

1. *Poète* : auteur. Sens étymologique : celui qui crée, que ce soit en prose ou en vers.

──────── **QUESTIONS** ────────

1. Sur le premier chapitre. — Appréciez la justesse de la remarque
de Diderot sur l'habitude et son influence sur le goût. En a-t-il fait
récemment l'amère expérience? Comment réagit-il?

— Quels remèdes l'auteur envisage-t-il pour équilibrer le jugement
des contemporains? Discutez la valeur de chacun d'eux; concernant le
rôle des « amis » (lignes 30-35); est-il sans importance de savoir que Diderot
pense ici à Grimm? Ce dernier était-il considéré à l'époque comme critique, spécialement par notre philosophe?

— De quelle nature est l'argument du dernier paragraphe? Est-il plus
ou moins fort que les précédents? Précisez-en la valeur et les limites.

2. Rapprochez ce « système dramatique » de la hiérarchie des genres
esquissée dans le *IIIe Entretien sur « le Fils naturel »*. Comment la pensée
se précise-t-elle ici? Quelle impression Diderot cherche-t-il à produire?

20 serpentera entre elles : mais plus d'unité, peu d'action, point
d'intérêt. Chaque scène réunira les deux points si recommandés
par Horace ; mais il n'y aura point d'ensemble, et le tout sera
sans consistance et sans énergie. »

Si les conditions des hommes nous fournissent des pièces,
25 telles, par exemple, que *les Fâcheux* de Molière, c'est déjà
quelque chose : mais je crois qu'on en peut tirer un meilleur
parti. Les obligations et les inconvénients d'un état ne sont
pas tous de la même importance. Il me semble qu'on peut
s'attacher aux principaux, en faire la base de son ouvrage,
30 et jeter le reste dans les détails. C'est ce que je me suis proposé dans *le Père de famille*, où l'établissement du fils et de la
fille sont mes deux grands pivots. La fortune, la naissance,
l'éducation, les devoirs des pères envers leurs enfants, et des
enfants envers leurs parents, le mariage, le célibat, tout ce
35 qui tient à l'état d'un père de famille, vient amené par le dialogue. Qu'un autre entre dans la carrière, qu'il ait le talent
qui me manque, et vous verrez ce que son drame deviendra.

Ce qu'on objecte contre ce genre, ne prouve qu'une chose :
c'est qu'il est difficile à manier ; que ce ne peut être l'ouvrage
40 d'un enfant ; et qu'il suppose plus d'art, de connaissances, de
gravité et de force d'esprit, qu'on n'en a communément quand
on se livre au théâtre. (3)

Pour bien juger d'une production, il ne faut pas la rapporter à une autre production. Ce fut ainsi qu'un de nos
45 premiers critiques se trompa. Il dit : « Les Anciens n'ont
point eu d'opéra, donc l'opéra est un mauvais genre. » Plus
circonspect ou plus instruit, il eût dit peut-être : « Les Anciens
n'avaient qu'un opéra, donc notre tragédie n'est pas bonne. »
Meilleur logicien, il n'eût fait ni l'un ni l'autre raisonnement.
50 Qu'il y ait ou non des modèles subsistants, il n'importe. Il
est une règle antérieure à tout, et la raison poétique était,
qu'il n'y avait point encore de poètes ; sans cela, comment

─────────── **QUESTIONS** ───────────

3. Les qualités que Diderot requiert de l'auteur du drame (lignes 10-
13) : de quel ordre sont-elles ? Les préoccupations qu'elles reflètent ;
permettent-elles d'expliquer, au moins partiellement, les échecs rencon-
trés dans ce genre ? Peut-on dire avec Diderot que « les conditions des
hommes » ont fourni *les Fâcheux* de Molière ? De quel type est cette
comédie ? Dans quelle mesure le dernier paragraphe de ce passage se
fonde-t-il sur un examen de la production dramatique du XVIIIe siècle,
et non des XVIIe et XVIIIe siècles ?

aurait-on jugé le premier poème? Fut-il bon, parce qu'il plut?
ou plut-il, parce qu'il était bon? **(4)**

55   Les devoirs des hommes sont un fonds aussi riche pour
le poète dramatique, que leurs ridicules et leurs vices; et les
pièces honnêtes et sérieuses réussiront partout, mais plus sûrement encore chez un peuple corrompu qu'ailleurs. C'est en
allant au théâtre qu'ils se sauveront de la compagnie des
60 méchants dont ils sont entourés; c'est là qu'ils trouveront
ceux avec lesquels ils aimeraient à vivre; c'est là qu'ils verront
l'espèce humaine comme elle est, et qu'ils se réconcilieront
avec elle. Les gens de bien sont rares; mais il y en a. Celui
qui pense autrement s'accuse lui-même, et montre combien
65 il est malheureux dans[1] sa femme, dans ses parents, dans ses
amis, dans ses connaissances. Quelqu'un me disait un jour,
après la lecture d'un ouvrage honnête qui l'avait délicieuse-
ment occupé : « Il me semble que je suis resté seul. » L'ouvrage méritait cet éloge; mais ses amis ne méritaient pas cette
70 satire.

    C'est toujours la vertu et les gens vertueux qu'il faut avoir
en vue quand on écrit. C'est vous, mon ami, que j'évoque,
quand je prends la plume; c'est vous que j'ai devant les yeux,
quand j'agis. C'est à Sophie[2] que je veux plaire. Si vous m'avez
75 souri, si elle a versé une larme, si vous m'en aimez tous les
deux davantage, je suis récompensé.

    Lorsque j'entendis les scènes du Paysan dans *le Faux Géné-
reux*[3], je dis : Voilà qui plaira à toute la terre, et dans tous
les temps; voilà qui fera fondre en larmes. L'effet a confirmé
80 mon jugement. Cet épisode est tout à fait dans le genre honnête et sérieux.

    « L'exemple d'un épisode heureux ne prouve rien, dira-t-
on. Et si vous ne rompez le discours monotone de la vertu,
par le fracas de quelques caractères ridicules et même un peu

---

    1. *Dans* les relations qu'il entretient avec; **2.** *Sophie* Volland, avec qui le philosophe
se lia pendant l'été de 1757. Grimm était à ce moment l'un des rares confidents de
cet attachement qui donna lieu à une volumineuse correspondance; **3.** *Le Faux
Généreux :* drame d'Antoine Bret, joué en janvier 1758 avec succès, mais rapidement
interdit pour des raisons politiques.

    ——— **QUESTIONS** ———

    4. Intérêt de ce paragraphe. Est-il exact que les rapprochements
peuvent entraîner à des erreurs de jugement? Pensez-vous qu'il existe
« une règle antérieure à tout »?

85 forcés, comme tous les autres ont fait, quoi que vous disiez
du genre honnête et sérieux, je craindrai toujours que vous
n'en tiriez que des scènes froides et sans couleur, de la morale
ennuyeuse et triste, et des espèces de sermons dialogués. »

Parcourons les parties d'un drame, et voyons. Est-ce par
90 le sujet qu'il en faut juger? Dans le genre honnête et sérieux,
le sujet n'est pas moins important que dans la comédie gaie,
et il y est traité d'une manière plus vraie. Est-ce par les caractères? Ils y peuvent être aussi divers et aussi originaux, et
le poète est contraint de les dessiner encore plus fortement.
95 Est-ce par les passions? Elles s'y montreront d'autant plus
énergiques, que l'intérêt sera plus grand. Est-ce par le style?
Il y sera plus nerveux, plus grave, plus élevé, plus violent,
plus susceptible de ce que nous appelons le sentiment, qualité
sans laquelle aucun style ne parle au cœur. Est-ce par l'absence
100 du ridicule? Comme si la folie des actions et des discours,
lorsqu'ils sont suggérés par un intérêt mal entendu, ou par le
transport de la passion, n'était pas le vrai ridicule des hommes
et de la vie.

J'en appelle aux beaux endroits de Térence; et je demande
105 dans quel genre sont écrites ses scènes de pères et d'amants.

Si, dans *le Père de famille*, je n'ai pas su répondre à l'importance de mon sujet; si la marche en est froide, les passions
discoureuses et moralistes; si les caractères du Père, de son
Fils, de Sophie, du Commandeur, de Germeuil et de Cécile[1]
110 manquent de vigueur comique, sera-ce la faute du genre ou
la mienne?

Que quelqu'un se propose de mettre sur la scène la condition du juge; qu'il intrigue son sujet d'une manière aussi
intéressante qu'il le comporte et que je le conçois; que l'homme
115 y soit forcé par les fonctions de son état, ou de manquer à
la dignité et à la sainteté de son ministère, et de se déshonorer
aux yeux des autres et aux siens, ou de s'immoler lui-même
dans ses passions, ses goûts, sa fortune, sa naissance, sa femme
et ses enfants, et l'on prononcera après, si l'on veut, que le
120 drame honnête et sérieux est sans chaleur, sans couleur et
sans force.

Une manière de me décider, qui m'a souvent réussi, et à
laquelle je reviens toutes les fois que l'habitude ou la nou-
veauté rend mon jugement incertain, car l'une et l'autre pro-

---

1. Personnages essentiels du drame de Diderot.

125 duisent cet effet, c'est de saisir par la pensée les objets, de les
transporter de la nature sur la toile, et de les examiner à cette
distance, où ils ne sont ni trop près, ni trop loin de moi.

Appliquons ici ce moyen. Prenons deux comédies, l'une
dans le genre sérieux, et l'autre dans le genre gai; formons-en,
130 scène à scène, deux galeries de tableaux; et voyons celle où
nous nous promènerons le plus longtemps et le plus volontiers; où nous éprouverons les sensations les plus fortes et les
plus agréables; et où nous serons le plus pressés de retourner. **(5)**

Je le répète donc : l'honnête, l'honnête. Il nous touche
135 d'une manière plus intime et plus douce que ce qui excite
notre mépris et nos ris. Poète, êtes-vous sensible et délicat?
Pincez cette corde; et vous l'entendrez résonner, ou frémir
dans toutes les âmes.

« La nature humaine est donc bonne? »
140 Oui, mon ami, et très bonne. L'eau, l'air, la terre, le feu,
tout est bon dans la nature; et l'ouragan, qui s'élève sur la
fin de l'automne, secoue les forêts, et frappant les arbres les
uns contre les autres, en brise et sépare les branches mortes;
et la tempête, qui bat les eaux de la mer et les purifie; et le
145 volcan, qui verse de son flanc entrouvert des flots de matières
embrasées, et porte dans l'air la vapeur qui le nettoie.

Ce sont les misérables conventions qui pervertissent l'homme,
et non la nature humaine qu'il faut accuser. En effet, qu'est-ce
qui nous affecte comme le récit d'une action généreuse? Où
150 est le malheureux qui puisse écouter froidement la plainte d'un
homme de bien? **(6)**

Le parterre de la comédie est le seul endroit où les larmes
de l'homme vertueux et du méchant soient confondues. Là,
le méchant s'irrite contre des injustices qu'il aurait commises,
155 compatit à des maux qu'il aurait occasionnés, et s'indigne

─────── **QUESTIONS** ───────

5. Que veut démontrer ici Diderot? A qui s'adresse son théâtre?
Quels effets recherche-t-il? Précisez sa préoccupation dominante et
montrez qu'elle correspond à un certain aspect du xviiie siècle et particulièrement des philosophes. — Analysez ses arguments en faveur du
drame : leur choix, leur valeur, leur force de conviction. — D'après
ce que dit le philosophe du *Père de famille*, tient-il davantage à sa théorie
ou à son drame?

6. Caractérisez cette profession de foi; est-elle optimiste ou pessi-
miste? De quel autre philosophe contemporain peut-on rapprocher le
point de vue de Diderot?

contre un homme de son propre caractère. Mais l'impression
est reçue; elle demeure en nous, malgré nous; et le méchant
sort de sa loge, moins disposé à faire le mal, que s'il eût été
gourmandé par un orateur sévère et dur.

160   Le poète, le romancier, le comédien vont au cœur d'une
manière détournée, et en frappant d'autant plus sûrement
et plus fortement l'âme, qu'elle s'étend et s'offre d'elle-même
au coup. Les peines sur lesquelles ils m'attendrissent sont
imaginaires, d'accord : mais ils m'attendrissent. Chaque ligne
165 de l'*Homme de qualité retiré du monde*, du *Doyen de Killerine*
et de *Cléveland*[1], excite en moi un mouvement d'intérêt sur
les malheurs de la vertu, et me coûte des larmes. Quel art
serait plus funeste que celui qui me rendrait complice du
vicieux? Mais aussi quel art plus précieux, que celui qui m'at-
170 tache imperceptiblement au sort de l'homme de bien; qui
me tire de la situation tranquille et douce dont je jouis, pour
me promener avec lui, m'enfoncer dans les cavernes où il se
réfugie, et m'associer à toutes les traverses[2] par lesquelles il
plaît au poète d'éprouver sa constance[3]?

175   Ô quel bien il en reviendrait aux hommes, si tous les arts
d'imitation se proposaient un objet commun, et concouraient
un jour avec les lois pour nous faire aimer la vertu et haïr
le vice! C'est au philosophe à les y inviter; c'est à lui à s'adresser au poète, au peintre, au musicien, et à leur crier avec force :
180 Hommes de génie, pourquoi le ciel vous a-t-il doués? S'il en
est entendu, bientôt les images de la débauche ne couvriront
plus les murs de nos palais; nos voix ne seront plus des organes
du crime; et le goût et les mœurs y gagneront. Croit-on en
effet que l'action de deux époux aveugles, qui se chercheraient
185 encore dans un âge avancé, et qui, les paupières humides des
larmes de la tendresse, se serreraient les mains et se cares-
seraient, pour ainsi dire, au bord du tombeau, ne demanderait
pas le même talent, et ne m'intéresserait pas davantage que le
spectacle des plaisirs violents dont leurs sens tout nouveaux
190 s'enivraient dans l'adolescence? **(7) (8)**

---

1. Œuvres de l'abbé Prévost; les *Mémoires* parurent de 1728 à 1731, *Cleveland*
en 1732 et *le Doyen de Killerine* en 1735; 2. *Traverses :* obstacles et embûches auxquels
on peut être en butte; 3. *Constance* dans la vertu.

──────── **QUESTIONS** ────────

QUESTIONS **7** et **8** : voir page 31.

[III. D'UNE SORTE DE DRAME MORAL.]

Quelquefois j'ai pensé qu'on discuterait au théâtre les points de morale les plus importants, et cela sans nuire à la marche violente et rapide de l'action dramatique.

De quoi s'agirait-il en effet? De disposer le poème[1] de
5 manière que les choses y fussent amenées, comme l'abdication de l'empire l'est dans *Cinna*. C'est ainsi qu'un poète agiterait la question du suicide, de l'honneur, du duel, de la fortune, des dignités, et cent autres. Nos poèmes en prendraient une gravité qu'ils n'ont pas. Si une telle scène est
10 nécessaire, si elle tient au fonds, si elle est annoncée et que le spectateur la désire, il s'y livrera toute son attention, et il en sera bien autrement affecté que de ces petites sentences alambiquées, dont nos ouvrages modernes sont cousus.

Ce ne sont pas des mots que je veux remporter du théâtre,
15 mais des impressions. Celui qui prononcera d'un drame, dont on citera beaucoup de pensées détachées, que c'est un ouvrage médiocre, se trompera rarement. Le poète excellent est celui dont l'effet demeure longtemps en moi.

Ô poètes dramatiques! l'applaudissement vrai que vous
20 devez vous proposer d'obtenir, ce n'est pas ce battement de mains qui se fait entendre subitement après un vers éclatant, mais ce soupir profond qui part de l'âme après la contrainte d'un long silence, et qui la soulage. Il est une impression plus violente encore, et que vous concevrez, si vous êtes nés pour
25 votre art, et si vous en pressentez toute la magie : c'est de mettre un peuple comme à la gêne. Alors les esprits seront troublés, incertains, flottants, éperdus; et vos spectateurs, tels

---

1. *Poème* : pièce de théâtre, sans préjuger si elle est en prose ou en vers.

─────── **QUESTIONS** ───────

7. Quel est le rôle fondamental du théâtre pour Diderot? En quoi cette position prolonge-t-elle ce qu'il a dit dans le passage précédent? Montrez qu'il concilie ainsi son goût de l'enseignement moral avec celui du théâtre. Recherchez en quoi et pourquoi il se sépare ici de Rousseau.

8. SUR L'ENSEMBLE DU CHAPITRE II. — Les thèmes abordés, leur enchaînement; dégagez l'idée dominante.

— Précisez la portée et la valeur de ce rôle moralisateur dévolu au théâtre. Quelle en est l'origine? En quoi la comédie sérieuse proposée par Diderot est-elle adaptée à ce dessein?

— Valeur et originalité du dernier paragraphe de ce chapitre.

que ceux qui, dans les tremblements d'une partie du globe,
voient les murs de leurs maisons vaciller, et sentent la terre
30 se dérober sous leurs pieds.

[IV. D'UNE SORTE DE DRAME PHILOSOPHIQUE.]

Il est une sorte de drame, où l'on présenterait la morale
directement et avec succès. En voici un exemple. Écoutez
bien ce que nos juges en diront; et s'ils le trouvent froid,
croyez qu'ils n'ont ni énergie dans l'âme, ni idée de la véri-
5 table éloquence, ni sensibilité, ni entrailles. Pour moi, je pense
que l'homme de génie qui s'en emparera, ne laissera pas aux
yeux le temps de se sécher; et que nous lui devrons le spectacle le plus touchant, et une des lectures les plus instructives
et les plus délicieuses que nous puissions faire. C'est la mort
10 de Socrate.

La scène est dans une prison. On y voit le philosophe enchaîné
et couché sur la paille. Il est endormi. Ses amis ont corrompu
ses gardes; et ils viennent, dès la pointe du jour, lui annoncer
sa délivrance.

15 Tout Athènes est dans la rumeur; mais l'homme juste dort.

De l'innocence de la vie. Qu'il est doux d'avoir bien vécu,
lorsqu'on est sur le point de mourir! *Scène première*.

Socrate s'éveille; il aperçoit ses amis; il est surpris de les
voir si matin.

20 Le songe de Socrate.

Ils lui apprennent ce qu'ils ont exécuté; il examine avec eux
ce qu'il lui convient de faire.

Du respect qu'on se doit à soi-même, et de la sainteté des
lois. *Scène seconde*.

25 Les gardes arrivent; on lui ôte ses chaînes.

La fable sur la peine et sur le plaisir.

Les juges entrent; et avec eux, les accusateurs de Socrate
et la foule du peuple. Il est accusé; et il se défend.

L'apologie. *Scène troisième*.

30 Il faut ici s'assujettir au costume : il faut qu'on lise les
accusations; que Socrate interpelle ses juges, ses accusateurs
et le peuple; qu'il les presse; qu'il les interroge; qu'il leur
réponde. Il faut montrer la chose comme elle s'est passée :
et le spectacle n'en sera que plus vrai, plus frappant et plus beau.

35 Les juges se retirent; les amis de Socrate restent; ils ont

pressenti la condamnation. Socrate les entretient et les console.
De l'immortalité de l'âme. *Scène quatrième.*

Il est jugé. On lui annonce sa mort. Il voit sa femme et ses
enfants. On lui apporte la ciguë. Il meurt. *Scène cinquième.*
40 Ce n'est là qu'un acte; mais s'il est bien fait, il aura presque
l'étendue d'une pièce ordinaire. Quelle éloquence ne demande-
t-il pas? quelle profondeur de philosophie! quel naturel! quelle
vérité! Si l'on saisit bien le caractère ferme, simple, tranquille,
serein et élevé du philosophe, on éprouvera[1] combien il est
45 difficile à peindre. A chaque instant il doit amener le ris sur
le bord des lèvres, et les larmes aux yeux. Je mourrais content,
si j'avais rempli cette tâche comme je la conçois. Encore une
fois, si les critiques ne voient là dedans qu'un enchaînement
de discours philosophiques et froids, ô les pauvres gens! que
50 je les plains! **(9)**

[V. DES DRAMES SIMPLES ET DES DRAMES COMPOSÉS.]

Pour moi, je fais plus cas d'une passion, d'un caractère
qui se développe peu à peu, et qui finit par se montrer dans
toute son énergie, que de ces combinaisons d'incidents dont
on forme le tissu d'une pièce où les personnages et les spec-
5 tateurs sont également ballottés. Il me semble que le bon goût
les dédaigne, et que les grands effets ne s'en accommodent
pas. Voilà cependant ce que nous appelons du mouvement.
Les Anciens en avaient une autre idée. Une conduite simple,
une action prise le plus près de sa fin, pour que tout fût dans
10 l'extrême; une catastrophe sans cesse imminente et toujours

---

1. *Eprouver :* se rendre compte par expérience.

──────── **QUESTIONS** ────────

9. SUR LES CHAPITRES III ET IV. — Précisez ce qui rapproche le drame
moral et le drame philosophique; leur rapport avec le chapitre précédent.
Le principe de l'un et de l'autre vous paraît-il *a priori* mauvais? Quels
dangers vous paraissent les plus graves?
— Rapprochez le chapitre IV du passage du chapitre XXI qui s'y rap-
porte (pages 106-109, lignes 150-278) : quel jugement peut-on porter
sur la théorie et la mise en pratique de celle-ci?
— Montrez que Diderot se préoccupe moins d'esthétique proprement
dite que d'émotion morale. Cette optique vous paraît-elle juste en tous
points?

éloignée par une circonstance simple et vraie; des discours
énergiques; des passions fortes; des tableaux; un ou deux
caractères fermement dessinés : voilà tout leur appareil. Il n'en
fallait pas davantage à Sophocle, pour renverser les esprits.
15 Celui à qui la lecture des Anciens a déplu, ne saura jamais
combien notre Racine doit au vieil Homère.

N'avez-vous pas remarqué, comme moi, que, quelque compliquée que fût une pièce, il n'est presque personne qui n'en
rendît compte au sortir de la première représentation? On se
20 rappelle facilement les événements, mais non les discours, et
les événements une fois connus, la pièce compliquée a perdu
son effet.

Si un ouvrage dramatique ne doit être représenté qu'une
fois et jamais imprimé, je dirai au poète : Compliquez tant
25 qu'il vous plaira; vous agiterez, vous occuperez sûrement;
mais soyez simple, si vous voulez être lu et rester.

Une belle scène contient plus d'idées que tout un drame
ne peut offrir d'incidents; et c'est sur les idées qu'on revient,
c'est ce qu'on entend sans se lasser, c'est ce qui affecte en
30 tout temps. La scène de Roland dans l'antre, où il attend la
perfide Angélique[1]; le discours de Lusignan à sa fille[2]; celui
de Clytemnestre à Agamemnon[3], me sont toujours nouveaux[4].

Quand je permets de compliquer tant qu'on voudra; c'est
la même action. Il est presque impossible de conduire deux
35 intrigues à la fois, sans que l'une intéresse aux dépens de
l'autre. Combien j'en pourrais citer d'exemples modernes!
Mais je ne veux pas offenser.

Qu'y a-t-il de plus adroit que la manière dont Térence a
entrelacé les amours de Pamphile et de Charinus dans *l'An-*
40 *drienne?* Cependant l'a-t-il fait sans inconvénient? Au commencement du second acte, ne croirait-on pas entrer dans une autre
pièce? et le cinquième finit-il d'une manière bien intéressante?

Celui qui s'engage à mener deux intrigues à la fois, s'impose
la nécessité de les dénouer dans un même instant. Si la prin-
45 cipale s'achève la première, celle qui reste ne se supporte
plus; si c'est au contraire l'intrigue épisodique qui abandonne
la principale, autre inconvénient; des personnages ou dispa-
raissent tout à coup, ou se remontent sans raison, et l'ouvrage
se mutile ou se refroidit.

---

1. Quinault, *Roland* (IV, II); 2. Voltaire, *Zaïre* (II, III); 3. Racine, *Iphigénie* (IV, IV);
4. M'offrent un intérêt toujours neuf.

50 Que deviendrait la pièce que Térence a intitulée *Heauton-timorumenos*, ou *l'Ennemi de lui-même*, si par un effort de génie le poète n'avait su reprendre l'intrigue de Clinia, qui se termine au troisième acte, et la renouer avec celle de Clitiphon!

Térence transporta l'intrigue de *la Périnthienne* de Ménandre 55 dans *l'Andrienne* du même poète grec; et de deux pièces simples il en fit une composée. Je fis le contraire dans *le Fils naturel*. Goldoni avait fondu dans une farce en trois actes *l'Avare* de Molière avec les caractères de *l'Ami vrai*. Je séparai ces sujets, et je fis une pièce en cinq actes : bonne ou mauvaise, 60 il est certain que j'eus raison en ce point.

Térence prétend que pour avoir doublé le sujet de *l'Heau-tontimorumenos*, sa pièce est nouvelle; et j'y consens; pour meilleure, c'est autre chose.

Si j'osais me flatter de quelque adresse dans *le Père de* 65 *famille*, ce serait d'avoir donné à Germeuil et à Cécile une passion qu'ils ne peuvent s'avouer dans les premiers actes, et de l'avoir tellement subordonnée dans toute la pièce à celle de Saint-Albin pour Sophie, que même après une décla-ration, Germeuil et Cécile ne peuvent s'entretenir de leur 70 passion, quoiqu'ils se retrouvent ensemble à tout moment.

Il n'y a point de milieu : on perd toujours d'un côté ce que l'on gagne de l'autre. Si vous obtenez de l'intérêt et de la rapidité par des incidents multipliés, vous n'aurez plus de discours; vos personnages auront à peine le temps de parler; 75 ils agiront au lieu de se développer. J'en parle par expérience. **(10)**

[VI. DU DRAME BURLESQUE.]

On ne peut mettre trop d'action et de mouvement dans la farce : qu'y dirait-on de supportable? Il en faut moins

──────────── **QUESTIONS** ────────────

10. SUR LE CHAPITRE V. — Déterminez, d'après ce chapitre, les exi-gences de Diderot en matière d'action et d'intrigue. Vous paraît-il s'éloi-gner ici de l'esthétique classique? Étudiez dans le détail ses raisons et appréciez-les.

— Utilité et portée de la distinction faite entre *événements* et *discours*. Valeur des raisons données contre une action complexe. Cependant, pensez à l'exemple que donnera plus tard Beaumarchais : ce dernier est-il une brillante exception ou infirme-t-il l'opinion de Diderot?

— Le souci de maintenir l'unité d'action est-il fondé? Comment les romantiques ont-ils agi sur ce plan?

dans la comédie gaie, moins encore dans la comédie sérieuse, et presque point dans la tragédie.

5   Moins un genre est vraisemblable, plus il est facile d'y être rapide et chaud. On a de la chaleur aux dépens de la vérité et des bienséances. La chose la plus maussade, ce serait un drame burlesque et froid. Dans le genre sérieux, le choix des incidents rend la chaleur difficile à conserver.

10   Cependant une farce excellente n'est pas l'ouvrage d'un homme ordinaire. Elle suppose une gaieté originale; les caractères en sont comme les grotesques de Callot[1], où les principaux traits de la figure humaine sont conservés. Il n'est pas donné à tout le monde d'estropier ainsi. Si l'on croit qu'il
15 y ait beaucoup plus d'hommes capables de faire *Pourceaugnac* que *le Misanthrope*, on se trompe.

    Qu'est-ce qu'Aristophane? Un farceur original. Un auteur de cette espèce doit être précieux pour le gouvernement, s'il sait l'employer. C'est à lui qu'il faut abandonner tous les
20 enthousiastes qui troublent de temps en temps la société. Si on les expose à la foire, on n'en remplira pas les prisons.

    Quoique le mouvement varie selon les genres qu'on traite, l'action marche toujours; elle ne s'arrête pas même dans les entractes. C'est une masse qui se détache du sommet d'un
25 rocher : sa vitesse s'accroît à mesure qu'elle descend, et elle bondit d'espace en espace, par les obstacles qu'elle rencontre.

    Si cette comparaison est juste, s'il est vrai qu'il y ait d'autant moins de discours qu'il y a plus d'action, on doit plus parler qu'agir dans les premiers actes, et plus agir que parler dans
30 les derniers. **(11)**

[VII. DU PLAN ET DU DIALOGUE.]

    Est-il plus difficile d'établir le plan que de dialoguer? C'est une question que j'ai souvent entendu agiter; et il m'a toujours

---

1. Jacques *Callot*, graveur et peintre français (1592-1635), fut un maître de l'eau-forte.

───────── **QUESTIONS** ─────────

11. SUR LE CHAPITRE VI. — Essayez, d'après ce chapitre, d'indiquer l'opinion de Diderot sur la farce : valeur accordée, place dans la production dramatique, plus ou moins grande difficulté.

— Appréciez et discutez, éventuellement, les différents éléments de cette page.

« Cependant une farce excellente n'est pas l'ouvrage d'un homme
ordinaire... Si l'on croit qu'il y ait beaucoup plus d'hommes capables
de faire *Pourceaugnac* que *le Misanthrope*, on se trompe. »
(Page 36, lignes 10-16.)

Gravure de Bacquoy (1721-1777), d'après Moreau le Jeune (1741-1814).

semblé que chacun répondait plutôt selon son talent, que selon
la vérité de la chose.

5   Un homme à qui le commerce du monde est familier, qui
parle avec aisance, qui connaît les hommes, qui les a étudiés,
écoutés, et qui sait écrire, trouve le plan difficile.

Un autre qui a de l'étendue dans l'esprit, qui a médité l'art
poétique, qui connaît le théâtre, à qui l'expérience et le goût
10 ont indiqué les situations qui intéressent, qui sait combiner
des événements, formera son plan avec assez de facilité; mais
les scènes lui donneront de la peine. Celui-ci se contentera
d'autant moins de son travail, que, versé dans les meilleurs
auteurs de sa langue et des langues anciennes, il ne peut s'em-
15 pêcher de comparer ce qu'il fait à des chefs-d'œuvre qui lui
sont présents. S'agit-il d'un récit? celui de *l'Andrienne*[1] lui
revient. D'une scène de passion? *l'Eunuque* lui en offrira dix
pour une qui le désespéreront.

Au reste, l'un et l'autre sont l'ouvrage du génie; mais le
20 génie n'est pas le même. C'est le plan qui soutient une pièce
compliquée; c'est l'art du discours et du dialogue qui fait
écouter et lire une pièce simple.

J'observerai pourtant qu'en général il y a plus de pièces
bien dialoguées que de pièces bien conduites. Le génie qui
25 dispose les incidents, paraît plus rare que celui qui trouve
les vrais discours. Combien de belles scènes dans Molière!
On compte ses dénouements heureux.

Les plans se forment d'après l'imagination; les discours,
d'après la nature.

30   On peut former une infinité de plans d'un même sujet, et
d'après les mêmes caractères. Mais les caractères étant donnés, la manière de faire parler est une. Vos personnages auront
telle ou telle chose à dire, selon les situations où vous les aurez
placés : mais étant les mêmes hommes dans toutes ces situations,
35 jamais ils ne se contrediront.

On serait tenté de croire qu'un drame devrait être l'ouvrage de deux hommes de génie : l'un qui arrangeât, et l'autre
qui fît parler. Mais qui est-ce qui pourra dialoguer d'après
le plan d'un autre? Le génie du dialogue n'est pas universel;
40 chaque homme se tâte et sent ce qu'il peut : sans qu'il s'en
aperçoive, en formant son plan, il cherche les situations dont

---

1. *L'Andrienne :* comédie de Térence, de même que *l'Eunuque.*

il espère sortir avec succès. Changez ces situations, et il lui semblera que son génie l'abandonne. Il faut à l'un des situations plaisantes; à l'autre, des scènes morales et graves; à un
45 troisième, des lieux d'éloquence et de pathétique. Donnez à Corneille un plan de Racine, et à Racine un plan de Corneille et vous verrez comment ils s'en tireront.

Né avec un caractère sensible et droit, j'avoue, mon ami, que je n'ai jamais été effrayé d'un morceau d'où j'espérais
50 sortir avec les ressources de la raison et de l'honnêteté. Ce sont des armes que mes parents m'ont appris à manier de bonne heure : je les ai si souvent employées contre les autres et contre moi!

Vous savez que je suis habitué de longue main à l'art du
55 soliloque. Si je quitte la société et que je rentre chez moi triste et chagrin, je me retire dans mon cabinet, et là je me questionne et je me demande : Qu'avez-vous?... de l'humeur?... Oui... Est-ce que vous vous portez mal?... Non... Je me presse; j'arrache de moi la vérité. Alors il me semble que j'ai une
60 âme gaie, tranquille, honnête et sereine, qui en interroge une autre qui est honteuse de quelque sottise qu'elle craint d'avouer. Cependant[1] l'aveu vient. Si c'est une sottise que j'ai commise, comme il m'arrive assez souvent, je m'absous. Si c'en est une qu'on m'a faite, comme il arrive quand j'ai rencontré des gens
65 disposés à abuser de la facilité de mon caractère, je pardonne. La tristesse se dissipe; je rentre dans ma famille, bon époux, bon père, bon maître, du moins je l'imagine; et personne ne se ressent d'un chagrin qui allait se répandre sur tout ce qui m'eût approché.

70 Je conseillerai cet examen secret à tous ceux qui voudront écrire; ils en deviendront à coup sûr plus honnêtes gens et meilleurs auteurs.

Que j'aie un plan à former, sans que je m'en aperçoive, je chercherai des situations qui cadreront à mon talent et à mon
75 caractère.

« Ce plan sera-t-il le meilleur? »

Il me le paraîtra sans doute.

« Mais aux autres? »

C'est une autre question.

---

1. *Cependant* : pendant ce temps.

80   Écouter les hommes, et s'entretenir souvent avec soi : voilà les moyens de se former au dialogue.

    Avoir une belle imagination; consulter l'ordre et l'enchaînement des choses; ne pas redouter les scènes difficiles, ni le long travail; entrer par le centre de son sujet; bien discerner
85 le moment où l'action doit commencer; savoir ce qu'il est à propos de laisser en arrière; connaître les situations qui affectent : voilà le talent d'après lequel on saura former un plan.

    Surtout s'imposer la loi de ne pas jeter sur le papier une seule idée de détail que le plan ne soit arrêté.

90   Comme le plan coûte beaucoup, et qu'il veut être longtemps médité, qu'arrive-t-il à ceux qui se livrent au genre dramatique, et qui ont quelque facilité à peindre des caractères? Ils ont une vue générale de leur sujet; ils connaissent à peu près les situations; ils ont projeté leurs caractères; et
95 lorsqu'ils se sont dit : Cette mère sera coquette; ce père sera dur; cet amant, libertin; cette jeune fille, sensible et tendre; la fureur de faire les scènes les prend. Ils écrivent, ils écrivent; ils rencontrent des idées fines, délicates, fortes même; ils ont des morceaux charmants et tout prêts : mais lorsqu'ils ont
100 beaucoup travaillé, et qu'ils en viennent au plan, car c'est toujours là qu'il en faut venir, ils cherchent à placer ce morceau charmant; ils ne se résoudront jamais à perdre cette idée délicate ou forte; ils feront le contraire de ce qu'il fallait, le plan pour les scènes qu'il fallait faire pour le plan. De là, une
105 conduite et même un dialogue contraints; beaucoup de peine et de temps perdus, et une multitude de copeaux qui demeurent sur le chantier. Quel chagrin, surtout si l'ouvrage est en vers!

    J'ai connu un jeune poète qui ne manquait pas de génie, et qui a écrit plus de trois ou quatre mille vers d'une tragédie
110 qu'il n'a point achevée, et qu'il n'achèvera jamais. (12)

────── **QUESTIONS** ──────

12. SUR LE CHAPITRE VII. — Dégagez l'idée générale de ce chapitre; précisez la manière dont les deux points sont traités : séparément; l'un par rapport à l'autre.

— N'y a-t-il pas quelque chose d'un peu artificiel dans la distinction faite entre les deux formes d'esprit nécessitées par les deux sortes de travail : le plan, le dialogue? A quels conseils pratiques aboutit Diderot? Appréciez-en la valeur : précision, possibilités d'application.

— Comment se mêlent les confidences personnelles à un ouvrage critique ici? Leur lien avec le thème du chapitre; leur apport pour la connaissance de Diderot, tant comme dramaturge que comme homme.

[VIII. DE L'ESQUISSE.]

Soit donc que vous composiez en vers, ou que vous écriviez en prose, faites d'abord le plan; après cela vous songerez aux scènes.

Mais comment former le plan? Il y a, dans la poétique
5 d'Aristote[1], une belle idée là-dessus. Elle m'a servi; elle peut servir à d'autres, et la voici :

Entre une infinité d'hommes qui ont écrit de l'art poétique, trois sont particulièrement célèbres : Aristote, Horace[2] et Boileau. Aristote est un philosophe qui marche avec ordre,
10 qui établit des principes généraux, et qui en laisse les conséquences à tirer, et les applications à faire. Horace est un homme de génie qui semble affecter le désordre, et qui parle en poète à des poètes. Boileau est un maître qui cherche à donner le précepte et l'exemple à son disciple.

15 Aristote dit en quelque endroit de sa poétique : Soit que vous travailliez sur un sujet connu, soit que vous en tentiez un nouveau, commencez par esquisser la fable[3]; et vous penserez ensuite aux épisodes ou circonstances qui doivent l'étendre. Est-ce une tragédie? dites : Une jeune princesse est conduite
20 sur un autel, pour y être immolée; mais elle disparaît tout à coup aux yeux des spectateurs, et elle est transportée dans un pays où la coutume est de sacrifier les étrangers à la déesse qu'on y adore. On la fait prêtresse. Quelques années après, le frère de cette princesse arrive dans ce pays. Il est saisi par
25 les habitants; et sur le point d'être sacrifié par les mains de sa sœur, il s'écrie : « Ce n'est donc pas assez que ma sœur ait été sacrifiée, il faut que je le sois aussi! » A ce mot, il est reconnu et sauvé[4].

Mais pourquoi la princesse avait-elle été condamnée à mourir
30 sur un autel?

Pourquoi immole-t-on les étrangers dans la terre barbare où son frère la rencontre?

Comment a-t-il été pris?

---

1. *Aristote* : philosophe grec (384-322 av. J.-C.) dont l'influence fut grande sur la pensée médiévale et sur l'esthétique littéraire à l'époque classique; 2. *Horace* : poète latin du siècle d'Auguste (65-8 av. J.-C.), auteur en particulier d'un art poétique : l'*Epître aux Pisons*, imité par Boileau; 3. *Fable* : intrigue; 4. Résumé de l'intrigue de l'*Iphigénie en Tauride* d'Euripide, brillamment imitée par Guimond de La Touche en juin 1757. Ce dernier fait expliquerait que l'exemple apparut à la mémoire de Diderot peu après.

Il vient pour obéir à un oracle. Et pourquoi cet oracle?

35 Il est reconnu par sa sœur. Mais cette reconnaissance ne se pouvait-elle faire autrement?

Toutes ces choses sont hors du sujet. Il faut les suppléer dans la fable.

Le sujet appartient à tous; mais le poète disposera du reste
40 à sa fantaisie; et celui qui aura rempli sa tâche de la manière la plus simple et la plus nécessaire, aura le mieux réussi.

L'idée d'Aristote est propre à tous les genres dramatiques; et voici comment j'en ai fait usage pour moi.

Un père a deux enfants, un fils et une fille. La fille aime
45 secrètement un jeune homme qui demeure dans la maison. Le fils est entêté d'une inconnue qu'il a vue dans son voisinage. Il a tâché de la corrompre, mais inutilement. Il s'est déguisé et établi à côté d'elle, sous un nom et sous des habits empruntés. Il passe là pour un homme du peuple, attaché à
50 quelque profession mécanique[1]. Censé le jour à son travail, il ne voit celle qu'il aime que le soir. Mais le père, attentif à ce qui se passe dans sa maison, apprend que son fils s'absente toutes les nuits. Cette conduite, qui annonce le dérèglement, l'inquiète : il attend son fils[2].

55 C'est là que la pièce commence.

Qu'arrive-t-il ensuite? C'est que cette fille convient à son fils; et que, découvrant en même temps que sa fille aime le jeune homme à qui il la destinait, il la lui accorde; et qu'il conclut deux mariages contre le gré de son beau-frère, qui
60 avait d'autres vues.

Mais pourquoi la fille aime-t-elle secrètement?

Pourquoi le jeune homme qu'elle aime est-il dans la maison? Qu'y fait-il? qui est-il?

Qui est cette inconnue, dont le fils est épris? Comment
65 est-elle tombée dans l'état de pauvreté où elle est?

D'où est-elle? Née dans la province, qu'est-ce qui l'a amenée à Paris? Qu'est-ce qui l'y retient?

Qu'est-ce que le beau-frère?

D'où vient l'autorité qu'il a dans la maison du père?

70 Pourquoi s'oppose-t-il à des mariages qui conviennent au père?

Mais, la scène ne pouvant se passer en deux endroits, com-

---

1. *Profession mécanique* : artisanat; 2. Ce paragraphe résume la situation des personnages et de l'intrigue au commencement du *Père de famille*.

ment la jeune inconnue entrera-t-elle dans la maison du père?

Comment le père découvre-t-il la passion de sa fille et du
75 jeune homme qu'il a chez lui?

Quelle raison a-t-il de dissimuler ses desseins?

Comment arrive-t-il que la jeune inconnue lui convienne?

Quels sont les obstacles que le beau-frère apporte à ses vues?

Comment le double mariage se fait-il malgré ces obstacles?
80 Combien de choses qui demeurent indéterminées, après que
le poète a fait son esquisse! Mais voilà l'argument et le fond.
C'est de là qu'il doit tirer la division des actes, le nombre
des personnages, leur caractère et le sujet des scènes.

Je vois que cette esquisse me convient, parce que le père,
85 dont je me propose de faire sortir le caractère, sera très malheureux. Il ne voudra point un mariage qui convient à son
fils; sa fille lui paraîtra s'éloigner d'un mariage qu'il veut;
et la défiance d'une délicatesse réciproque les empêchera l'un
et l'autre de s'avouer leurs sentiments.
90 Le nombre de mes personnages sera décidé.

Je ne suis plus incertain sur leurs caractères.

Le père aura le caractère de son état. Il sera bon, vigilant,
ferme et tendre. Placé dans la circonstance la plus difficile
de sa vie, elle suffira pour déployer toute son âme.
95 Il faut que son fils soit violent. Plus une passion est déraisonnable, moins il faut qu'elle soit libre.

Sa maîtresse ne sera jamais assez aimable. J'en ai fait un
enfant[1] innocent, honnête et sensible.

Le beau-frère, qui est mon machiniste[2], homme d'une tête
100 étroite et à préjugés, sera dur, faible, méchant, importun,
rusé, tracassier, le trouble de la maison, le fléau du père et
des enfants, et l'aversion de tout le monde.

Qu'est-ce que Germeuil? c'est le fils d'un ami du Père de
famille, dont les affaires se sont dérangées, et qui a laissé cet
105 enfant sans ressource. Le Père de famille l'a pris chez lui
après la mort de son ami, et l'a fait élever comme son fils.

Cécile, persuadée que son père ne lui accordera jamais
cet homme pour époux, le tiendra à une grande distance
d'elle, le traitera quelquefois avec dureté; et Germeuil arrêté
110 par cette conduite et par la crainte de manquer au Père de
famille, son bienfaiteur, se renfermera dans les bornes du

---

1. *Enfant* s'emploie à l'époque au masculin aussi bien pour une fille que pour
un garçon; **2.** *Machiniste :* celui qui fait progresser l'action (sens figuré).

respect; mais les apparences ne seront pas si bien gardées de part et d'autre, que la passion ne perce, tantôt dans les discours, tantôt dans les actions, mais toujours d'une manière
115 incertaine et légère.

Germeuil sera donc d'un caractère ferme, tranquille, et un peu renfermé.

Et Cécile, un composé de hauteur, de vivacité, de réserve et de sensibilité.

120 L'espèce de dissimulation, qui contiendra ces amants, trompera aussi le Père de famille. Détourné de ses desseins par cette fausse antipathie, il n'osera proposer à sa fille, pour époux, un homme qui ne laisse apercevoir aucun penchant pour elle, et qu'elle paraît avoir pris en aversion.

125 Le père dira : N'est-ce pas assez de tourmenter mon fils, en lui ôtant une femme qu'il aime, sans aller encore persécuter ma fille, en lui proposant pour époux un homme qu'elle n'aime pas?

La fille dira : N'est-ce pas assez du chagrin que mon père
130 et mon oncle ressentent de la passion de mon frère, sans l'accroître encore par un aveu qui révolterait tout le monde?

Par ce moyen, l'intrigue de la fille et de Germeuil sera sourde, ne nuira point à celle du fils et de sa maîtresse, et ne servira qu'à augmenter l'humeur de l'oncle et le chagrin du père.

135 J'aurai réussi au-delà de mes espérances, si je parviens à tellement intéresser ces deux personnages à la passion du fils, qu'ils ne puissent s'occuper de la leur. Leur penchant ne partagera plus l'intérêt; il rendra seulement leurs scènes plus piquantes.

140 J'ai voulu que le père fût le personnage principal. L'esquisse restait la même; mais tous les épisodes changeaient, si j'avais choisi pour mon héros, ou le fils, ou l'ami, ou l'oncle. **(13)**

──────── **QUESTIONS** ────────

13. Sur le chapitre VIII. — En vous aidant des Sommaires (page 18), faites le plan de ce chapitre et montrez comment on passe d'une idée à l'autre.

— Appréciez le jugement porté par Diderot sur Aristote, Horace et Boileau.

— Ne pensez-vous pas que le développement est un peu long pour une idée relativement évidente? Qu'est-ce qui, dans la fin du chapitre précédent, justifie toutefois cette insistance? Dans quelle mesure aussi n'est-ce pas pour l'auteur un moyen indirect de guider le critique du *Père de famille?* Que cherche-t-il à démontrer? Précisez les deux plans sur lesquels il s'explique au sujet de sa pièce.

Si le poëte a de l'imagination, et qu'il se repose sur son esquisse, il la fécondera, il en verra sortir une foule d'incidents, et il ne sera plus embarrassé que du choix.

Qu'il se rende difficile sur ce point, lorsque son sujet est
5 sérieux. On ne souffrirait pas, aujourd'hui, qu'un père vînt avec une cloche de mulet mettre en fuite un pédant[1], ni qu'un mari se cachât sous une table pour s'assurer, par lui-même, des discours qu'on tient à sa femme[2]. Ces moyens sont de la farce.

10 Si une jeune princesse est conduite vers un autel sur lequel on doit l'immoler, on ne voudra pas qu'un aussi grand événement ne soit fondé que sur l'erreur d'un messager, qui suit un chemin, tandis que la princesse et sa mère s'avancent par un autre[3].

15 « La fatalité qui nous joue, n'attache-t-elle pas des révolutions plus importantes à des causes plus légères? »

Il est vrai. Mais le poëte ne doit pas l'imiter en cela; il emploiera cet incident, s'il est donné par l'histoire, mais il ne l'inventera pas. Je jugerai ses moyens plus sévèrement que
20 la conduite des dieux.

Qu'il soit scrupuleux dans le choix des incidents, et sobre dans leur usage; qu'il les proportionne à l'importance de son sujet, et qu'il établisse entre eux une liaison presque nécessaire.

25 « Plus les moyens, par lesquels la volonté des dieux s'accomplira sur les hommes, seront obscurs et faibles, plus je serai effrayé sur leur sort. »

J'en conviens. Mais il faut que je ne puisse douter que telle a été la volonté, non du poëte, mais des dieux.

30 La tragédie demande de l'importance dans les moyens; la comédie de la finesse.

Un amant jaloux est-il incertain des sentiments de son ami? Térence laissera sur la scène un Dave qui écoutera les discours de celui-ci, et qui en fera le récit à son maître. Nos
35 Français voudront que leur poëte en sache davantage.

Un vieillard sottement vain[4], changera son nom bourgeois

---

1. Allusion à Molière, *le Dépit amoureux* (II, ix); 2. Allusion à Molière, *le Tartuffe* (IV, iv); 3. Allusion à Racine, *Iphigénie* (II, iv); 4. Allusion à l'*Ecole des femmes* de Molière.

d'Arnolphe, en celui de M. de La Souche; et cet expédient
ingénieux fondera toute l'intrigue, et en amènera le dénouement
d'une manière simple et inattendue; alors ils s'écrieront :
40 A merveille! et ils auront raison. Mais si, sans aucune vraisemblance, et cinq ou six fois de suite, on leur montre cet
Arnolphe devenu le confident de son rival et la dupe de sa
pupille, allant d'Horace à Agnès, et retournant d'Agnès à
Horace, ils diront : Ce n'est pas un drame, que cela; c'est un
45 conte : et si vous n'avez pas tout l'esprit, toute la gaieté, tout
le génie de Molière, ils vous accuseront d'avoir manqué d'invention, et ils répéteront : C'est un conte à dormir.

Si vous avez peu d'incidents, vous aurez peu de personnages. N'ayez point de personnages superflus, et que des fils
50 imperceptibles lient tous vos incidents.

Surtout, ne tendez point de fils à faux : en m'occupant
d'un embarras qui ne viendra point, vous égarerez mon attention.

Tel est, si je ne me trompe, l'effet du discours de Frosine
dans *l'Avare*[1]. Elle s'engage à détourner l'avare du dessein
55 d'épouser Marianne, par le moyen d'une vicomtesse de Basse-
Bretagne, dont elle se promet des merveilles, et le spectateur
avec elle. Cependant la pièce finit sans qu'on revoie ni Frosine,
ni sa Basse-Bretonne qu'on attend toujours. **(14)**

[X. Du plan de la tragédie
et du plan de la comédie.]

Quel ouvrage, qu'un plan contre lequel on n'aurait point
d'objection! Y en a-t-il un? Plus il sera compliqué, moins il
sera vrai. Mais on demande, du plan d'une comédie et du
plan d'une tragédie, quel est le plus difficile?

---

1. *L'Avare* (IV, scène première) de Molière.

--- **QUESTIONS** ---

14. Sur le chapitre ix. — Quel danger Diderot souligne-t-il d'abord?
Pourquoi? Montrez qu'en cela il reste très proche de l'esthétique classique : sobriété, unité de ton.

— Expliquez et discutez, à l'aide d'exemples tirés du théâtre classique, cette phrase (page 45, lignes 30-31) : « La tragédie demande de
l'importance dans les moyens; la comédie de la finesse. »

— Étudiez Diderot critique de Molière et de Racine : en vous reportant aux pièces incriminées, appréciez la justesse et la portée des reproches
faits; comparez sur ce point avec Voltaire critique de Corneille.

5   Il y a trois ordres de choses. L'histoire, où le fait est donné ;
la tragédie, où le poète ajoute à l'histoire ce qu'il imagine
en pouvoir augmenter l'intérêt ; la comédie, où le poète invente
tout.

   D'où l'on peut conclure que le poète comique est le poète
10 par excellence. C'est lui qui fait. Il est, dans sa sphère, ce que
l'Etre tout-puissant est dans la nature. C'est lui qui crée,
qui tire du néant ; avec cette différence, que nous n'entre-
voyons dans la nature qu'un enchaînement d'effets dont les
causes nous sont inconnues ; au lieu que la marche du drame
15 n'est jamais obscure ; et que, si le poète nous cache assez de
ses ressorts pour nous piquer, il nous en laisse toujours apercevoir assez pour nous satisfaire.

   « Mais, la comédie étant une imitation de la nature dans
toutes ses parties, le poète n'a-t-il pas un modèle auquel il se
20 doive conformer, même lorsqu'il forme son plan ? »

   Sans doute.

   « Quel est donc ce modèle ? »

   Avant que de répondre, je demanderai : qu'est-ce qu'un
plan ?

25   « Un plan, c'est une histoire merveilleuse, distribuée selon
les règles du genre dramatique ; histoire, qui est en partie de
l'invention du poète tragique, et tout entière de l'invention
du poète comique. »

   Fort bien. Quel est donc le fondement de l'art dramatique ?
30   « L'art historique. »

   Rien n'est plus certain. On a comparé la poésie à la peinture ; et l'on a bien fait : mais une comparaison plus utile
et plus féconde en vérités, ç'aurait été celle de l'histoire à la
poésie. On se serait ainsi formé des notions exactes du vrai,
35 du vraisemblable, et du possible ; et l'on eût fixé l'idée nette
et précise du merveilleux, terme commun à tous les genres de
poésie, et que peu de poètes sont en état de bien définir. (15)

   Tous les événements historiques ne sont pas propres à
faire des tragédies ; ni tous les événements domestiques à
40 fournir des sujets de comédie. Les Anciens renfermaient le

─────── **QUESTIONS** ───────

15. Déterminez l'enchaînement des idées dans ce début. Appréciez
la distinction faite entre histoire, tragédie et comédie ; la place donnée
à cette dernière. Valeur du rapprochement entre histoire, art dramatique,
poésie et peinture. Dans quelle perspective tous ces éléments sont-ils
étudiés ?

genre tragique dans les familles d'Alcméon[1], d'Œdipe, d'Oreste, de Méléagre[2], de Thyeste[3], de Télèphe[4] et d'Hercule.

Horace ne veut pas qu'on mette sur la scène un personnage qui arrache un enfant tout vivant des entrailles d'une Lamie[5]. Si on lui montre quelque chose de semblable, il n'en pourra ni croire la possibilité, ni supporter la vue. Mais où est le terme où l'absurdité des événements cesse, et où la vraisemblance commence? Comment le poète sentira-t-il ce qu'il peut oser?

Il arrive quelquefois à l'ordre naturel des choses, d'enchaîner des incidents extraordinaires. C'est le même ordre qui distingue le merveilleux du miraculeux. Les cas rares sont merveilleux : les cas naturellement impossibles sont miraculeux : l'art dramatique rejette les miracles.

Si la nature ne combinait jamais des événements d'une manière extraordinaire, tout ce que le poète imaginerait au-delà de la simple et froide uniformité des choses communes, serait incroyable. Mais il n'en est pas ainsi. Que fait donc le poète? Ou il s'empare de ces combinaisons extraordinaires, ou il en imagine de semblables. Mais, au lieu que la liaison des événements nous échappe souvent dans la nature, et que, faute de connaître l'ensemble des choses, nous ne voyons qu'une concomitance fatale[6] dans les faits, le poète veut, lui, qu'il règne dans toute la texture de son ouvrage une liaison apparente et sensible; en sorte qu'il est moins vrai et plus vraisemblable que l'historien.

« Mais, puisqu'il suffit de la seule coexistence des événements pour fonder le merveilleux de l'histoire, pourquoi le poète ne s'en contenterait-il pas? »

Il s'en contente aussi quelquefois, surtout le poète tragique. Mais la supposition d'incidents simultanés n'est pas aussi permise au poète comique.

« Et la raison? »

C'est que la portion connue, que le poète tragique emprunte de l'histoire, fait adopter ce qui est d'imagination comme s'il était historique. Les choses qu'il invente reçoivent de la

---

1. *Alcméon :* petit-fils de Nestor, héros de *l'Iliade* et qui réapparaît dans *l'Odyssée ;* 2. *Méléagre :* roi de Calydon, qui prit part à l'expédition des Argonautes; 3. *Thyeste :* frère d'Atrée, qui le haït au point de lui servir en repas ses deux fils, Tantale et Plisthène; 4. *Télèphe :* roi de Mysie, qu'Achille blessa de sa lance et qui fut guéri ensuite par un emplâtre composé de la rouille de cette même lance; 5. Allusion aux vers 339-340 de l'*Art poétique* d'Horace; 6. *Fatal :* dû au destin.

vraisemblance par celles qui lui sont données. Mais rien n'est donné au poète comique : il lui est donc moins permis de s'appuyer sur la simultanéité des événements. D'ailleurs, la fatalité ou la volonté des dieux, qui effraye si fort les hommes
80 de qui la destinée se trouve abandonnée à des êtres supérieurs auxquels ils ne peuvent se soustraire, dont la main les suit et les atteint au moment où ils sont dans la sécurité la plus entière, est plus nécessaire à la tragédie. S'il y a quelque chose de touchant, c'est le spectacle d'un homme rendu coupable
85 et malheureux malgré lui.

Il faut que les hommes fassent, dans la comédie, le rôle que font les dieux dans la tragédie. La fatalité et la méchanceté, voilà, dans l'un et l'autre genre, les bases de l'intérêt dramatique.

90 « Qu'est-ce donc que le vernis romanesque, qu'on reproche à quelques-unes de nos pièces ? »

Un ouvrage sera romanesque, si le merveilleux naît de la simultanéité des événements ; si l'on y voit les dieux ou les hommes trop méchants, ou trop bons ; si les choses et les
95 caractères y diffèrent trop de ce que l'expérience ou l'histoire nous les montre ; et surtout si l'enchaînement des événements y est trop extraordinaire et trop compliqué.

D'où l'on peut conclure que le roman dont on ne pourra faire un bon drame, ne sera pas mauvais pour cela ; mais
100 qu'il n'y a point de bon drame dont on ne puisse faire un excellent roman. C'est par les règles que ces deux genres de poésie diffèrent. **(16)**

L'illusion est leur but commun : mais, d'où dépend l'illusion ? Des circonstances. Ce sont les circonstances qui la
105 rendent plus ou moins difficile à produire.

Me permettra-t-on de parler un moment la langue des géomètres ? On sait ce qu'ils appellent une équation. L'illusion est seule d'un côté. C'est une quantité constante, qui

───── **QUESTIONS** ─────────────────

16. Précisez le thème de ce passage. Où voit-on la supériorité technique du poète comique ? Comment ce débat est-il rattaché à ce qui précède ? — Indiquez la place que Diderot assigne aux choses extraordinaires dans le théâtre. Sur quelles bases se fonde-t-il ? Rapprochez des attitudes de Corneille et de Racine face à l'histoire et à la vraisemblance. — Intérêt de préciser que drame et roman, proches par certains traits, correspondent à deux esthétiques différentes.

est égale à une somme de termes, les uns positifs, les autres
110 négatifs, dont le nombre et la combinaison peuvent varier
sans fin, mais dont la valeur totale est toujours la même.
Les termes positifs représentent les circonstances communes,
et les négatifs les circonstances extraordinaires. Il faut qu'elles
se rachètent les unes par les autres.

115 L'illusion n'est pas volontaire. Celui qui dirait : Je veux
me faire illusion, ressemblerait à celui qui dirait : J'ai une
expérience des choses de la vie, à laquelle je ne ferai aucune
attention.

Quand je dis que l'illusion est une quantité constante, c'est
120 dans un homme qui juge de différentes productions, et non
dans des hommes différents. Il n'y a peut-être pas, sur toute
la surface de la terre, deux individus qui aient la même mesure
de la certitude, et cependant le poète est condamné à faire
illusion également à tous! Le poète se joue de la raison et de
125 l'expérience de l'homme instruit, comme une gouvernante se
joue de l'imbécillité[1] d'un enfant. Un bon poème est un conte
digne d'être fait à des hommes sensés.

Le romancier a le temps et l'espace qui manquent au poète
dramatique : à titre égal, j'estimerai donc moins un roman
130 qu'une pièce de théâtre. D'ailleurs, il n'y a point de difficulté
que le premier ne puisse esquiver. Il dira : « La douce vapeur
du sommeil ne coule pas plus doucement dans les yeux appe-
santis et dans les membres fatigués d'un homme abattu, que
les paroles flatteuses de la déesse s'insinuaient pour enchanter
135 le cœur de Mentor; mais elle sentait toujours je ne sais quoi,
qui repoussait tous ses efforts et qui se jouait de ses charmes.
Semblable à un rocher escarpé qui cache son front dans les
nues, et qui se joue de la rage des vents, Mentor, immobile
dans ses sages desseins, se laissait presser [par Calypso]. Quel-
140 quefois même il lui laissait espérer qu'elle l'embarrasserait par
ses questions, [et qu'elle tirerait la vérité du fond de son cœur].
Mais au moment où elle croyait satisfaire sa curiosité, ses
espérances s'évanouissaient. [Tout] ce qu'elle s'imaginait tenir
lui échappait tout à coup; et une réponse courte [de Mentor]
145 la replongeait dans ses incertitudes[2]. » Et voilà le romancier
hors d'affaire. Mais, quelque difficulté qu'il y eût eu à faire
cet entretien, il eût fallu, ou que le poète dramatique renversât

---

1. *Imbécillité* : voir page 24, ligne 21 et la note; 2. Fénelon, *Télémaque*, livre VII.

son plan, ou qu'il la surmontât. Quelle différence de peindre
un effet, ou de le produire!

150 Les Anciens ont eu des tragédies où tout était de l'invention du poète. L'histoire n'offrait pas même les noms des
personnages. Et qu'importe, si le poète n'excède pas la vraie
mesure du merveilleux?

Ce qu'il y a d'historique dans un drame est connu d'assez
155 peu de personnes; si cependant le poème est bien fait, il intéresse tout le monde, plus peut-être le spectateur ignorant que
le spectateur instruit. Tout est d'une égale vérité pour celui-là;
au lieu que les épisodes ne sont que vraisemblables pour celui-ci.
Ce sont des mensonges mêlés à des vérités avec tant d'art,
160 qu'il n'éprouve aucune répugnance à les recevoir.

La tragédie domestique aurait la difficulté des deux genres;
l'effet de la tragédie héroïque à produire, et tout le plan à
former d'invention, ainsi que dans la comédie. (17)

Je me suis demandé quelquefois si la tragédie domestique
165 se pouvait écrire en vers; et, sans trop savoir pourquoi, je
me suis répondu que non. Cependant, la comédie ordinaire
s'écrit en vers; la tragédie héroïque s'écrit en vers. Que ne
peut-on pas écrire en vers! Ce genre exigerait-il un style particulier dont je n'ai pas la notion? ou la vérité du sujet et la
170 violence de l'intérêt rejetteraient-elles un langage symétrisé?
La condition des personnages serait-elle trop voisine de la
nôtre, pour admettre une harmonie régulière?

Résumons. Si l'on mettait en vers *l'Histoire de Charles XII*,
elle n'en serait pas moins une histoire. Si l'on mettait *la Hen-*
175 *riade* en prose, elle n'en serait pas moins un poème. Mais
l'historien a écrit ce qui est arrivé, purement et simplement,
ce qui ne fait pas toujours sortir les caractères autant qu'ils
pourraient; ce qui n'émeut ni n'intéresse pas autant qu'il est
possible d'émouvoir et d'intéresser. Le poète eût écrit tout
180 ce qui lui aurait semblé devoir affecter le plus. Il eût imaginé
des événements. Il eût feint des discours. Il eût chargé l'histoire. Le point important pour lui eût été d'être merveilleux,

───────── **QUESTIONS** ─────────

17. Que vaut, à votre avis, l'idée de Diderot sur l'illusion, quantité
constante chez le même individu? En quoi fait-elle mieux sentir la difficulté du travail de l'auteur dramatique? — Utilité et portée de la citation
du *Télémaque :* à quel obstacle se heurterait le dramaturge ici? Comment
le romancier l'a-t-il tournée? — Appréciez la justesse de l'avant-dernier
paragraphe. — Justifiez ce que dit Diderot de « la tragédie domestique ».

sans cesser d'être vraisemblable; ce qu'il eût obtenu, en se
conformant à l'ordre de la nature, lorsqu'elle se plaît à combiner
185 des incidents extraordinaires, et à sauver les incidents extraordinaires par des circonstances communes.

Voilà la fonction du poète. Quelle différence entre le versificateur et lui! Cependant ne croyez pas que je méprise le premier; son talent est rare. Mais si vous faites du versificateur
190 un Apollon, le poète sera pour moi un Hercule. Or, supposez
une lyre à la main d'Hercule, et vous n'en ferez pas un Apollon.
Appuyez un Apollon sur une massue, jetez sur ses épaules la
peau du lion de Némée, et vous n'en ferez pas un Hercule.

D'où l'on voit qu'une tragédie en prose est tout autant
195 un poème, qu'une tragédie en vers; qu'il en est de même
de la comédie et du roman; mais que le but de la poésie est
plus général que celui de l'histoire. On lit, dans l'histoire,
ce qu'un homme du caractère de Henri IV a fait et souffert.
Mais combien de circonstances possibles où il eût agi et souf-
200 fert d'une manière conforme à son caractère, plus merveilleuse,
que l'histoire n'offre pas, mais que la poésie imagine! **(18)**

L'imagination, voilà la qualité sans laquelle on n'est ni
un poète, ni un philosophe, ni un homme d'esprit, ni un être
raisonnable, ni un homme.
205 « Qu'est-ce donc que l'imagination? me direz-vous. »

Ô mon ami, quel piège vous tendez à celui qui s'est proposé de vous entretenir de l'art dramatique! S'il se met à
philosopher, adieu son objet.

L'imagination est la faculté de se rappeler des images. Un
210 homme entièrement privé de cette faculté serait un stupide,
dont toutes les fonctions intellectuelles se réduiraient à produire les sons qu'il aurait appris à combiner dans l'enfance,
et à les appliquer machinalement aux circonstances de la vie.

C'est la triste condition du peuple, et quelquefois du philo-
215 sophe. Lorsque la rapidité de la conversation entraîne celui-ci,
et ne lui laisse pas le temps de descendre des mots aux images,
que fait-il autre chose, si ce n'est de se rappeler des sons et de
les produire combinés dans un certain ordre? Ô combien
l'homme qui pense le plus est encore automate!

QUESTIONS

---

18. Que veut montrer Diderot ici? A son avis, quelles relations existent
entre versification et poésie? Pourquoi « la tragédie domestique » ne
sera-t-elle pas écrite en vers? Diderot l'explique-t-il? Proposez une justi-
fication possible.

220   Mais quel est le moment où il cesse d'exercer sa mémoire, et où il commence à appliquer son imagination? C'est celui où, de questions en questions, vous le forcez d'imaginer; c'est-à-dire de passer de sons abstraits et généraux à des sons moins abstraits et moins généraux, jusqu'à ce qu'il soit arrivé
225   à quelque représentation sensible, le dernier terme et le repos de sa raison. Alors, que devient-il? Peintre ou poète.

Demandez-lui par exemple : qu'est-ce que la justice? Et vous serez convaincu qu'il ne s'entendra[1] lui-même que quand, la connaissance se portant de son âme vers les objets par le
230   même chemin qu'elle y est venue, il imaginera deux hommes conduits par la faim vers un arbre chargé de fruits; l'un monté sur l'arbre, et cueillant; et l'autre s'emparant, par la violence, du fruit que le premier a cueilli. Alors il vous fera remarquer les mouvements qui se manifesteront en eux; les signes du
235   ressentiment d'un côté, les symptômes de la crainte de l'autre; celui-là se tenant pour offensé, et l'autre se chargeant lui-même du titre odieux d'offenseur.

Si vous faites la même question à un autre, sa dernière réponse se résoudra en un autre tableau. Autant de têtes,
240   autant de tableaux différents peut-être : mais tous représenteront deux hommes éprouvant dans un même instant des impressions contraires; produisant des mouvements opposés; ou poussant des cris inarticulés et sauvages, qui, rendus avec le temps dans la langue de l'homme policé, signifient et signi-
245   fieront éternellement, justice, injustice.

C'est par un toucher qui se diversifie dans la nature animée en une infinité de manières et de degrés, et qui s'appelle dans l'homme, voir, entendre, flairer, goûter et sentir, qu'il reçoit des impressions qui se conservent dans ses organes, qu'il dis-
250   tingue ensuite par des mots, et qu'il se rappelle ou par ces mots mêmes ou par des images.

Se rappeler une suite nécessaire d'images telles qu'elles se succèdent dans la nature, c'est raisonner d'après les faits. Se rappeler une suite d'images comme elles se succéderaient
255   nécessairement dans la nature, tel ou tel phénomène étant donné, c'est raisonner d'après une hypothèse, ou feindre; c'est être philosophe ou poète, selon le but qu'on se propose.

Et le poète qui feint, et le philosophe qui raisonne, sont

---

1. *Entendre* : comprendre.

également, et dans le même sens, conséquents ou inconsé-
260 quents : car être conséquent, ou avoir l'expérience de l'enchaînement nécessaire des phénomènes, c'est la même chose.

En voilà, ce me semble, assez pour montrer l'analogie de
la vérité et de la fiction, caractériser le poète et le philosophe,
et relever le mérite du poète, surtout épique ou dramatique.
265 Il a reçu de la nature, dans un degré supérieur, la qualité
qui distingue l'homme de génie de l'homme ordinaire, et celui-ci
du stupide : l'imagination, sans laquelle le discours se réduit à
l'habitude mécanique d'appliquer des sons combinés. **(19)**

Mais le poète ne peut s'abandonner à toute la fougue de
270 son imagination; il est des bornes qui lui sont prescrites. Il
a le modèle de sa conduite dans les cas rares de l'ordre général
des choses. Voilà sa règle.

Plus ces cas seront rares et singuliers, plus il lui faudra
d'art, de temps, d'espace et de circonstances communes pour
275 en compenser le merveilleux et fonder l'illusion.

Si le fait historique n'est pas assez merveilleux, il le forti-
fiera par des incidents extraordinaires; s'il l'est trop, il l'affai-
blira par des incidents communs.

Ce n'est pas assez, ô poète comique, d'avoir dit dans votre
280 esquisse : je veux que ce jeune homme ne soit que faible-
ment attaché à cette courtisane; qu'il la quitte; qu'il se marie;
qu'il ne manque pas de goût pour sa femme; que cette femme
soit aimable; et que son époux se promette une vie supportable avec elle : je veux encore qu'il couche à côté d'elle pen-
285 dant deux mois, sans en approcher; et cependant, qu'elle se
trouve grosse. Je veux une belle-mère qui soit folle de sa bru;
j'ai besoin d'une courtisane qui ait des sentiments; je ne puis
me passer d'un viol, et je veux qu'il se soit fait dans la rue,
par un jeune homme ivre[1]. Fort bien, courage; entassez, entas-
290 sez circonstances bizarres sur circonstances bizarres; j'y consens.
Votre fable sera merveilleuse, sans contredit; mais n'oubliez
pas que vous aurez à racheter tout ce merveilleux par une

---

1. Résumé de l'intrigue de *l'Hécyre* de Térence.

——————— **QUESTIONS** ———————

19. Analysez la méthode suivant laquelle Diderot tâche de nous faire
comprendre ce qu'est l'imagination. Définissez le rôle de celle-ci, d'après
ce passage, dans les différents domaines intellectuels. — Comment se
justifie ici le résumé que Diderot propose pour cette page (voir page 18) :
« Éloge de l'imagination »?

multitude d'incidents communs qui le sauvent et qui m'en imposent.

295   L'art poétique serait donc bien avancé, si le traité de la certitude historique était fait. Les mêmes principes s'appliqueraient au conte, au roman, à l'opéra, à la farce, à toutes les sortes de poèmes, sans en excepter la fable.

    Si un peuple était persuadé, comme d'un point fondamental
300 de sa croyance, que les animaux parlaient autrefois, la fable aurait, chez ce peuple, un degré de vraisemblance qu'elle ne peut avoir parmi nous. **(20)**

    Lorsque le poète aura formé son plan, en donnant à son esquisse l'étendue convenable, et que son drame sera dis-
305 tribué par actes et par scènes, qu'il travaille; qu'il commence par la première scène, et qu'il finisse par la dernière. Il se trompe, s'il croit pouvoir impunément s'abandonner à son caprice, sauter d'un endroit à un autre, et se porter partout où son génie l'appellera. Il ne sait pas la peine qu'il se pré-
310 pare, s'il veut que son ouvrage soit un. Combien d'idées déplacées, qu'il arrachera d'un endroit pour les insérer dans un autre! L'objet de sa scène aura beau être déterminé, il le manquera.

    Les scènes ont une influence les unes sur les autres, qu'il
315 ne sentira pas. Ici, il sera diffus; là, trop court; tantôt froid, tantôt trop passionné. Le désordre de sa manière de faire se répandra sur toute sa composition; et, quelque soin qu'il se donne, il en restera toujours des traces.

    Avant que de passer d'une scène à celle qui suit, on ne
320 peut trop se remplir de celles qui précèdent.

    « Voilà une manière de travailler bien sévère. »

    Il est vrai.

    « Que fera le poète, si au commencement de son poème c'est la fin qui l'inspire? »

325   Qu'il se repose.

    « Mais, plein de ce morceau, il l'eût exécuté de génie. »

    S'il a du génie, qu'il n'appréhende rien. Les idées qu'il

---

QUESTIONS

20. Quelles sont, d'après ce passage, les limites dans lesquelles le poète comique doit se maintenir pour rester vraisemblable? — Que veut dire Diderot dans cette phrase : « L'art poétique serait donc bien avancé, si le traité de la certitude historique était fait »? — Intérêt du dernier paragraphe.

craint de perdre reviendront; elles reviendront fortifiées d'un cortège d'autres qui naîtront de ce qu'il aura fait, et qui
330 donneront à la scène plus de chaleur, plus de couleur, et plus de liaison avec le tout. Tout ce qu'il pourra dire, il le dira; et croyez-vous qu'il en soit ainsi, s'il marche par bonds et par sauts?

Ce n'est pas ainsi que j'ai cru devoir travailler, convaincu
335 que ma manière était la plus sûre et la plus aisée.

Le Père de famille a cinquante-trois scènes; la première a été écrite la première, la dernière a été écrite la dernière et sans un enchaînement de circonstances singulières qui m'ont rendu la vie pénible et le travail rebutant[1], cette occupation
340 n'eût été pour moi qu'un amusement de quelques semaines. Mais comment se métamorphoser en différents caractères, lorsque le chagrin nous attache à nous-mêmes? Comment s'oublier lorsque l'ennui nous rappelle à notre existence? Comment échauffer, éclairer les autres, lorsque la lampe de
345 l'enthousiasme est éteinte, et que la flamme du génie ne luit plus sur le front? **(21)**

Que d'efforts n'a-t-on pas faits pour m'étouffer en naissant? Après la persécution du *Fils naturel*, croyez-vous, ô mon ami! que je dusse être tenté de m'occuper du *Père de*
350 *famille?* Le voilà cependant. Vous avez exigé que j'achevasse cet ouvrage; et je n'ai pu vous refuser cette satisfaction. En revanche, permettez-moi de dire un mot de ce *Fils naturel* si méchamment persécuté.

Charles Goldoni a écrit en italien une comédie, ou plutôt
355 une farce en trois actes, qu'il a intitulée *l'Ami sincère*. C'est un tissu des caractères de *l'Ami vrai* et de *l'Avare* de Molière. La cassette et le vol y sont; et la moitié des scènes se passent dans la maison d'un père avare.

Je laissai là toute cette portion de l'intrigue, car je n'ai,
360 dans *le Fils naturel*, ni avare, ni père, ni vol, ni cassette.

---

1. Sur les faits auxquels Diderot fait allusion ici, voir la Notice, page 10.

--------- **QUESTIONS** ---------

21. Quelles justifications Diderot donne-t-il à son exigence d'ordre? Cette nécessité vous apparaît-elle aussi impérieusement? Pensez à certains cinéastes qui commencent toujours par réaliser la dernière séquence; à l'importance du montage d'un film. En quoi cela nuance-t-il la portée de ce que dit Diderot sans le ruiner?

Je crus que l'on pouvait faire quelque chose de supportable de l'autre portion; et je m'en emparai comme d'un bien
qui m'eût appartenu. Goldoni n'avait pas été plus scrupuleux; il s'était emparé de *l'Avare*, sans que personne se fût
365 avisé de le trouver mauvais; et l'on n'avait point imaginé
parmi nous d'accuser Molière ou Corneille de plagiat, pour
avoir emprunté tacitement l'idée de quelque pièce, ou d'un
auteur italien, ou du théâtre espagnol.

Quoi qu'il en soit, de cette portion d'une farce en trois
370 actes, j'en fis la comédie du *Fils naturel* en cinq; et mon dessein n'étant pas de donner cet ouvrage au théâtre, j'y joignis
quelques idées que j'avais sur la poétique, la musique, la
déclamation et la pantomime; et je formai du tout une espèce
de roman que j'intitulai *le Fils naturel*, ou *les Epreuves de la*
375 *vertu*, avec l'histoire véritable de la pièce.

Sans la supposition que l'aventure du *Fils naturel* était
réelle, que devenaient l'illusion de ce roman et toutes les
observations répandues dans les entretiens sur la différence
qu'il y a entre un fait vrai et un fait imaginé, des personnages
380 réels et des personnages fictifs, des discours tenus et des discours supposés; en un mot, toute la poétique où la vérité
est mise sans cesse en parallèle avec la fiction?

Mais comparons un peu plus rigoureusement *l'Ami vrai* du
poète italien avec *le Fils naturel*.

385 Quelles sont les parties principales d'un drame? L'intrigue,
les caractères et les détails.

La naissance illégitime de Dorval est la base du *Fils naturel*.
Sans cette circonstance, la fuite de son père aux îles reste
sans fondement. Dorval ne peut ignorer qu'il a une sœur,
390 et qu'il vit à côté d'elle. Il n'en deviendra pas amoureux;
il ne sera plus le rival de son ami; il faut que Dorval soit riche;
et son père n'aura plus aucune raison de l'enrichir. Que signifie
la crainte qu'il a de s'ouvrir à Constance? La scène d'André
n'a plus lieu. Plus de père qui revienne des îles, qui soit pris
395 dans la traversée, et qui dénoue. Plus d'intrigue; plus de pièce.

Or, y a-t-il, dans *l'Ami sincère*, aucune de ces choses, sans
lesquelles *le Fils naturel* ne peut subsister? Aucune. Voilà
pour l'intrigue.

Venons aux caractères. Y a-t-il un amant violent, tel que
400 Clairville? Non. Y a-t-il une fille ingénue, telle que Rosalie?
Non. Y a-t-il une femme qui ait l'âme et l'élévation des sentiments de Constance? Non. Y a-t-il un homme du caractère

sombre et farouche de Dorval? Non. Il n'y a donc, dans *l'Ami vrai*, aucun de mes caractères? Aucun, sans en excepter André.
405 Passons aux détails.

Dois-je au poète étranger une seule idée qu'on puisse citer? Pas une.

Qu'est-ce que sa pièce? Une farce. Est-ce une farce, que *le Fils naturel?* Je ne le crois pas.

410 Je puis donc avancer :

Que celui qui dit que le genre dans lequel j'ai écrit *le Fils naturel* est le même que le genre dans lequel Goldoni a écrit *l'Ami vrai*, dit un mensonge.

Que celui qui dit que mes caractères et ceux de Goldoni
415 ont la moindre ressemblance, dit un mensonge.

Que celui qui dit qu'il y a dans les détails un mot important, qu'on ait transporté de *l'Ami vrai* dans *le Fils naturel*, dit un mensonge.

Que celui qui dit que la conduite du *Fils naturel* ne diffère
420 point de celle de *l'Ami vrai*, dit un mensonge.

Cet auteur a écrit une soixantaine de pièces. Si quelqu'un se sent porté à ce genre de travail, je l'invite à choisir parmi celles qui restent, et à en composer un ouvrage qui puisse nous plaire.

425 Je voudrais bien qu'on eût une douzaine de pareils larcins à me reprocher; et je ne sais si *le Père de famille* aura gagné quelque chose à m'appartenir en entier.

Au reste, puisqu'on n'a pas dédaigné de m'adresser les mêmes reproches que certaines gens faisaient autrefois à
430 Térence, je renverrai mes censeurs aux prologues de ce poète. Qu'ils les lisent, pendant que je m'occuperai, dans mes heures de délassement, à écrire quelque pièce nouvelle. Comme mes vues sont droites et pures, je me consolerai facilement de leur méchanceté, si je puis réussir encore à attendrir les honnêtes
435 gens. (22)

La nature m'a donné le goût de la simplicité; et je tâche de le perfectionner par la lecture des Anciens. Voilà mon

──────── **QUESTIONS** ────────

22. La défense du *Fils naturel :* les arguments de Diderot; leur valeur. Faites-en la critique en vous reportant à la pièce elle-même (« Nouveaux Classiques Larousse ») et aux Jugements qui l'accompagnent, notamment à ceux de Palissot et de Fréron. Caractérisez le ton de cette apologie : expliquez-en la force. Qui se trouve ainsi malmené? Était-ce justice?

secret. Celui qui lirait Homère avec un peu de génie, y décou-
vrirait bien plus sûrement la source où je puise.

440 Ô mon ami, que la simplicité est belle! Que nous avons
mal fait de nous en éloigner!

Voulez-vous entendre ce que la douleur inspire à un père
qui vient de perdre son fils? Écoutez Priam.

« Éloignez-vous, mes amis; laissez-moi seul; votre conso-
445 lation m'importune... J'irai sur les vaisseaux des Grecs; oui,
j'irai. Je verrai cet homme terrible; je le supplierai. Peut-être
il aura pitié de mes ans; il respectera ma vieillesse... Il a un
père âgé comme moi... Hélas! ce père l'a mis au monde pour la
honte et le désastre de cette ville!... Quels maux ne nous a-t-il
450 pas faits à tous? Mais à qui en a-t-il fait autant qu'à moi?
Combien ne m'a-t-il pas ravi d'enfants, et dans la fleur de
leur jeunesse!... Tous m'étaient chers... je les ai tous pleurés.
Mais c'est la perte de ce dernier qui m'est surtout cruelle;
j'en porterai la douleur jusqu'aux enfers... Eh! pourquoi
455 n'est-il pas mort entre mes bras?... Nous nous serions rassasiés
de pleurs sur lui, moi, et la mère malheureuse qui lui donna
la vie[1]. »

Voulez-vous savoir quels sont les vrais discours d'un père
suppliant aux genoux du meurtrier de son fils? Écoutez le même
460 Priam aux genoux d'Achille[2].

« Achille, ressouvenez-vous de votre père; il est du même
âge que moi, et nous gémissons tous les deux sous le poids
des années... Hélas! peut-être est-il pressé par des voisins
ennemis, sans avoir à côté de lui personne qui puisse éloigner
465 le péril qui le menace... Mais s'il a entendu dire que vous vivez,
son cœur s'ouvre à l'espérance et à la joie; et il passe les jours
dans l'attente du moment où il reverra son fils... Quelle différence de son sort au mien!... J'avais des enfants et je suis comme
si je les avais tous perdus... De cinquante que je comptais autour
470 de moi, lorsque les Grecs sont arrivés, il ne m'en restait qu'un
qui pût nous défendre; et il vient de périr par vos mains sous
les murs de cette ville. Rendez-moi son corps; recevez mes
présents; respectez les dieux; rappelez-vous votre père, et
ayez pitié de moi... Voyez où j'en suis réduit... Fut-il un
475 monarque plus humilié? un homme plus à plaindre? Je suis à
vos pieds, et je baise vos mains teintes du sang de mon fils. »

1. Homère, *l'Iliade*, XXII, vers 416-428; 2. *Id.*, *ibid.*, vers 486-506.

Ainsi parla Priam; et le fils de Pelée sentit, au souvenir de son père, la pitié s'émouvoir au fond de son cœur. Il releva le vieillard, et le repoussant doucement, il l'écarta de lui.

480 Qu'est-ce qu'il y a là dedans? Point d'esprit, mais des choses d'une vérité si grande, qu'on se persuaderait presque qu'on les aurait trouvées comme Homère. Pour nous, qui connaissons un peu la difficulté et le mérite d'être simple, lisons ces morceaux; lisons-les bien; et puis prenons tous nos papiers 485 et les jetons au feu. Le génie se sent; mais il ne s'imite point. **(23) (24)**

[XI. DE L'INTÉRÊT.]

Dans les pièces compliquées, l'intérêt est plus l'effet du plan que des discours; c'est au contraire plus l'effet des discours que du plan, dans les pièces simples. Mais à qui doit-on rapporter l'intérêt? Est-ce aux personnages? Est-ce aux spec-5 tateurs?

Les spectateurs ne sont que des témoins ignorés de la chose. « Ce sont donc les personnages qu'il faut avoir en vue? »

Je le crois. Qu'ils forment le nœud, sans s'en apercevoir, que tout soit impénétrable pour eux; qu'ils s'avancent au 10 dénouement, sans s'en douter. S'ils sont dans l'agitation, il faudra bien que je suive et que j'éprouve les mêmes mouvements.

Je suis si loin de penser, avec la plupart de ceux qui ont écrit de l'art dramatique, qu'il faille dérober au spectateur le dénouement, que je ne croirais pas me proposer une tâche 15 fort au-dessus de mes forces, si j'entreprenais un drame où le dénouement serait annoncé dès la première scène, et où je ferais sortir l'intérêt le plus violent de cette circonstance même.

─────── **QUESTIONS** ───────

23. Comparez Diderot à Homère : qu'a-t-il conservé de son modèle? Que lui a-t-il ajouté? Précisez l'effet produit ici. Préférez-vous le poète grec ou l'interprétation de Diderot? Pourquoi?

24. SUR L'ENSEMBLE DU CHAPITRE X. — Rappelez les thèmes principaux abordés. Rapprochez le titre donné par Diderot de ceux-ci : caractérisez-le. Pourquoi ce regroupement dans un long chapitre?

— L'originalité des idées exprimées ici : *1°* dans l'absolu; *2°* par rapport à l'esthétique classique.

— Quels différents aspects de la personnalité de Diderot apparaissent dans ce chapitre?

Tout doit être clair pour le spectateur. Confident de chaque
20 personnage, instruit de ce qui s'est passé et de ce qui se passe,
il y a cent moments où l'on n'a rien de mieux à faire que de
lui déclarer nettement ce qui se passera.

Ô faiseurs de règles générales, que vous ne connaissez guère
l'art, et que vous avez peu de ce génie qui a produit les modèles
25 sur lesquels vous avez établi ces règles, qu'il est le maître d'en-
freindre quand il lui plaît!

On trouvera, dans mes idées, tant de paradoxes qu'on
voudra, mais je persisterai à croire que, pour une occasion
où il est à propos de cacher au spectateur un incident impor-
30 tant avant qu'il ait lieu, il y en a plusieurs où l'intérêt demande
le contraire.

Le poète me ménage, par le secret, un instant de surprise;
il m'eût exposé, par la confidence, à une longue inquiétude.

Je ne plaindrai qu'un instant celui qui sera frappé et acca-
35 blé dans un instant. Mais que deviens-je, si le coup se fait
attendre, si je vois l'orage se former sur ma tête ou sur celle
d'un autre, et y demeurer longtemps suspendu?

Lusignan ignore qu'il va retrouver ses enfants; le spectateur l'ignore aussi. Zaïre et Nérestan ignorent qu'ils sont
40 frère et sœur; le spectateur l'ignore aussi. Mais quelque pathétique que soit cette reconnaissance, je suis sûr que l'effet en
eût été beaucoup plus grand encore, si le spectateur eût été
prévenu. Que ne me serais-je pas dit à moi-même, à l'approche
de ces quatre personnages? Avec quelle attention et quel trouble
45 n'aurais-je pas écouté chaque mot qui serait sorti de leur
bouche? A quelle gêne[1] le poète ne m'aurait-il pas mis? Mes
larmes ne coulent qu'au moment de la reconnaissance; elles
auraient coulé longtemps auparavant.

Quelle différence d'intérêt entre cette situation où je ne
50 suis pas du secret, et celle où je sais tout, et où je vois Oros-
mane, un poignard à la main, attendre Zaïre, et cette infortunée s'avancer vers le coup? Quels mouvements le spectateur n'eût-il pas éprouvés, s'il eût été libre au poète de tirer
de cet instant tout l'effet qu'il pouvait produire; et si notre
55 scène, qui s'oppose aux plus grands effets, lui eût permis de
faire entendre dans les ténèbres la voix de Zaïre, et de me la
montrer de plus loin?

---

1. *Gène.* Ce mot a un sens plus énergique que de nos jours sans pourtant retrouver
celui de « torture » qu'il avait encore à l'époque classique.

« Dans *Iphigénie en Tauride*, le spectateur connaît l'état des personnages;
supprimez cette circonstance, et voyez si vous ajouterez ou si vous ôterez
à l'intérêt. » (Page 63, lignes 58-60.)

Illustration de J. de Sève (1760) pour *Iphigénie* de Racine.
Bibliothèque de l'Arsenal.

Phot. Larousse.

Dans *Iphigénie en Tauride*, le spectateur connaît l'état des personnages; supprimez cette circonstance, et voyez si vous
60 ajouterez ou si vous ôterez à l'intérêt.

Si j'ignore que Néron écoute l'entretien de Britannicus et de Junie, je n'éprouve plus la terreur.

Lorsque Lusignan et ses enfants se sont reconnus, en deviennent-ils moins intéressants? Nullement. Qu'est-ce qui
65 soutient et fortifie l'intérêt? C'est ce que le sultan ne sait pas, et ce dont le spectateur est instruit.

Que tous les personnages s'ignorent, si vous le voulez; mais que le spectateur les connaisse tous.

J'oserais presque assurer qu'un sujet où les réticences sont
70 nécessaires, est un sujet ingrat; et qu'un plan où l'on y a recours est moins bon que si l'on eût pu s'en passer. On n'en tirera rien de bien énergique; on s'assujettira à des préparations toujours trop obscures ou trop claires. Le poème deviendra un tissu de petites finesses, à l'aide desquelles on
75 ne produira que de petites surprises. Mais tout ce qui concerne les personnages est-il connu? J'entrevois, dans cette supposition, la source des mouvements les plus violents. Le poète grec, qui différa jusqu'à la dernière scène la reconnaissance d'Oreste et d'Iphigénie, fut un homme de génie. Oreste est
80 appuyé sur l'autel, sa sœur a le couteau sacré levé sur son sein. Oreste, prêt à périr, s'écrie :

« N'était-ce pas assez que la sœur fût immolée? Fallait-il que le frère le fût aussi? » Voilà le moment, que le poète m'a fait attendre pendant cinq actes.

85 « Dans quelque drame que ce soit, le nœud est connu; il se forme en présence du spectateur. Souvent le titre seul d'une tragédie en annonce le dénouement; c'est un fait donné par l'histoire. C'est la mort de César, c'est le sacrifice d'Iphigénie : mais il n'en est pas ainsi dans la comédie. »

90 Pourquoi donc? Le poète n'est-il pas le maître de me révéler de son sujet ce qu'il juge à propos? Pour moi, je me serais beaucoup applaudi, si, dans *le Père de famille* (qui n'eût plus été *le Père de famille*, mais une pièce d'un autre nom), j'avais pu ramasser[1] toute la persécution du Commandeur sur Sophie.
95 L'intérêt ne se serait-il pas accru, par la connaissance que cette jeune fille, dont il parlait si mal, qu'il poursuivait si

---

1. *Ramasser :* concentrer.

vivement, qu'il voulait faire enfermer, était sa propre nièce? Avec quelle impatience n'aurait-on pas attendu l'instant de la reconnaissance, qui ne produit, dans ma pièce, qu'une sur-
100 prise passagère? C'eût été celui du triomphe d'une infortunée à laquelle on eût pris le plus grand intérêt, et de la confusion d'un homme dur qu'on n'aimait pas.

Pourquoi l'arrivée de Pamphile n'est-elle, dans *l'Hécyre*, qu'un incident ordinaire? C'est que le spectateur ignore que
105 sa femme est grosse; qu'elle ne l'est pas de lui; et que le moment de son retour est précisément celui des couches de sa femme.

Pourquoi certains monologues ont-ils de si grands effets? C'est qu'ils m'instruisent des desseins secrets d'un personnage; et que cette confidence me saisit à l'instant de crainte
110 ou d'espérance.

Si l'état des personnages est inconnu, le spectateur ne pourra prendre à l'action plus d'intérêt que les personnages : mais l'intérêt doublera pour le spectateur, s'il est assez instruit, et qu'il sente que les actions et les discours seraient bien dif-
115 férents, si les personnages se connaissaient. C'est ainsi que vous produirez en moi une attente violente de ce qu'ils devien-
dront, lorsqu'ils pourront comparer ce qu'ils sont avec ce qu'ils ont fait ou voulu faire.

Que le spectateur soit instruit de tout, et que les person-
120 nages s'ignorent s'il se peut; que satisfait de ce qui est présent, je souhaite vivement ce qui va suivre; qu'un person-
nage m'en fasse désirer un autre; qu'un incident me hâte vers l'incident qui lui est lié; que les scènes soient rapides; qu'elles ne contiennent que des choses essentielles à l'action,
125 et je serai intéressé.

Au reste, plus je réfléchis sur l'art dramatique, plus j'entre en humeur contre ceux qui en ont écrit. C'est un tissu de lois particulières, dont on a fait des préceptes généraux. On a vu certains incidents produire de grands effets; et aussitôt
130 on a imposé au poète la nécessité des mêmes moyens, pour obtenir les mêmes effets; tandis qu'en y regardant de plus près, ils auraient aperçu de plus grands effets encore à pro-
duire par des moyens tout contraires. C'est ainsi que l'art s'est surchargé de règles; et que les auteurs, en s'y assujet-
135 tissant servilement, se sont quelquefois donné beaucoup de peine pour faire moins bien.

Si l'on avait conçu que, quoiqu'un ouvrage dramatique ait été fait pour être représenté, il fallait cependant que l'au-

teur et l'acteur oubliassent le spectateur, et que tout l'intérêt
140 fût relatif aux personnages, on ne lirait pas si souvent dans
les poétiques : Si vous faites ceci ou cela, vous affecterez ainsi
ou autrement votre spectateur. On y lirait au contraire : Si
vous faites ceci ou cela, voici ce qui en résultera parmi vos
personnages.

145   Ceux qui ont écrit de l'art dramatique ressemblent à un
homme qui, s'occupant des moyens de remplir de trouble
toute une famille, au lieu de peser ces moyens par rapport
au trouble de la famille, les pèserait relativement à ce qu'en
diront les voisins. Eh! laissez là les voisins; tourmentez vos
150 personnages; et soyez sûr que ceux-ci n'éprouveront aucune
peine, que les autres ne partagent.

    D'autres modèles, l'on eût prescrit d'autres lois, et peut-
être on eût dit : Que votre dénouement soit connu, qu'il le
soit de bonne heure, et que le spectateur soit perpétuellement
155 suspendu dans l'attente du coup de lumière qui va éclairer
tous les personnages sur leurs actions et sur leur état.

    Est-il important de rassembler l'intérêt d'un drame vers
sa fin, ce moyen m'y paraît aussi propre que le moyen contraire.
L'ignorance et la perplexité excitent la curiosité du specta-
160 teur, et la soutiennent; mais ce sont les choses connues et
toujours attendues, qui le troublent et qui l'agitent. Cette
ressource est sûre pour tenir la catastrophe toujours présente.

    Si, au lieu de se renfermer entre les personnages et de
laisser le spectateur devenir ce qu'il voudra, le poète sort de
165 l'action et descend dans le parterre, il gênera son plan. Il
imitera les peintres, qui, au lieu de s'attacher à la représentation rigoureuse de la nature, la perdent de vue pour s'occuper des ressources de l'art, et songent, non pas à me la
montrer comme elle est et comme ils la voient, mais à en
170 disposer relativement à des moyens techniques et communs.

    Tous les points d'un espace ne sont-ils pas diversement
éclairés? Ne se séparent-ils pas? Ne fuient-ils pas dans une
plaine aride et déserte, comme dans le paysage le plus varié?
Si vous suivez la routine du peintre, il en sera de votre drame
175 ainsi que de son tableau. Il a quelques beaux endroits, vous
aurez quelques beaux instants. Mais il ne s'agit pas de cela;
il faut que le tableau soit beau dans toute son étendue, et votre
drame dans toute sa durée.

    Et l'acteur, que deviendra-t-il, si vous vous êtes occupé
180 du spectateur? Croyez-vous qu'il ne sentira pas que ce que

vous avez placé dans cet endroit et dans celui-ci n'a pas été imaginé pour lui? Vous avez pensé au spectateur, il s'y[1] adressera. Vous avez voulu qu'on vous applaudît, il voudra qu'on l'applaudisse; et je ne sais plus ce que l'illusion deviendra.

185 J'ai remarqué que l'acteur jouait mal tout ce que le poète avait composé pour le spectateur; et que, si le parterre eût fait son rôle, il eût dit au personnage : « A qui en voulez-vous? Je n'en suis pas. Est-ce que je me mêle de vos affaires? Rentrez chez vous »; et que, si l'auteur eût fait le sien, il serait

190 sorti de la coulisse, et eût répondu au parterre : « Pardon, messieurs, c'est ma faute; une autre fois je ferai mieux, et lui aussi. »

Soit donc que vous composiez, soit que vous jouiez, ne pensez non plus au spectateur que s'il n'existait pas. Ima-

195 ginez, sur le bord du théâtre, un grand mur qui vous sépare du parterre; jouez comme si la toile ne se levait pas.

« Mais l'Avare qui a perdu sa cassette, dit cependant au spectateur : Messieurs, mon voleur n'est-il pas parmi vous[2]? »

Eh! laissez là cet auteur. L'écart d'un homme de génie ne

200 prouve rien contre le sens commun. Dites-moi seulement s'il est possible que vous vous adressiez un instant au spectateur sans arrêter l'action; et si le moindre défaut des détails où vous l'aurez considéré, n'est pas de disperser autant de petits repos sur toute la durée de votre drame, et de le ralentir?

205 Qu'un auteur intelligent fasse entrer dans son ouvrage des traits que le spectateur s'applique, j'y consens; qu'il y rappelle des ridicules en vogue, des vices dominants, des événements publics; qu'il instruise et qu'il plaise, mais que ce soit sans y penser. Si l'on remarque son but, il le manque; il cesse

210 de dialoguer, il prêche. **(25)**

---

1. *Y* représente des êtres animés (les spectateurs), suivant l'usage encore correct à la période classique; 2. Allusion au fameux monologue d'Harpagon dans *l'Avare* de Molière (IV, VII).

QUESTIONS

25. Sur le chapitre XI. — L'idée rappelée au premier paragraphe n'a-t-elle pas été exprimée déjà? Dans quel contexte? Qu'est-ce qui doit donc primer, de l'avis de Diderot?

— Pensez-vous avec l'auteur qu'il faille ignorer les spectateurs? Quels sont les arguments de Diderot? Appréciez-en la justesse. En quoi est-ce une condamnation des mots d'auteur et des allusions destinées à faire réagir le public? *(Suite p. 67.)*

[XII. De l'exposition.]

La première partie d'un plan, disent nos critiques, c'est l'exposition.

Une exposition dans la tragédie, où le fait est connu, s'exécute en un mot. Si ma fille met le pied dans l'Aulide, elle est
5 morte. Dans la comédie, si j'osais, je dirais que c'est l'affiche. Dans le Tartuffe, où est l'exposition? J'aimerais autant qu'on demandât au poète d'arranger ses premières scènes de manière qu'elles continssent l'esquisse même de son drame.

Tout ce que je conçois, c'est qu'il y a un moment où l'action
10 dramatique doit commencer; et que si le poète a mal choisi ce moment, il sera trop éloigné ou trop voisin de la catastrophe. Trop voisin de la catastrophe, il manquera de matière, et peut-être sera-t-il forcé d'étendre son sujet par une intrigue épisodique. Trop éloigné, son mouvement sera lâche, ses actes longs
15 et chargés d'événements ou de détails qui n'intéresseront pas.

La clarté veut qu'on dise tout. Le genre veut qu'on soit rapide. Mais comment tout dire et marcher rapidement?

L'incident qu'on aura choisi comme le premier, sera le sujet de la première scène; il amènera la seconde; la seconde
20 amènera la troisième, et l'acte se remplira. Le point important, c'est que l'action croisse en vitesse, et soit claire; c'est ici le cas de penser au spectateur. D'où l'on voit que l'exposition se fait à mesure que le drame s'accomplit, et que le spectateur ne sait tout et n'a tout vu que quand la toile tombe.
25 Plus le premier incident laissera de choses en arrière, plus on aura de détails pour les actes suivants. Plus le poète sera rapide et plein, plus il faudra qu'il soit attentif. Il ne peut se supposer à la place du spectateur que jusqu'à un certain point. Son intrigue lui est si familière, qu'il lui sera facile de se croire
30 clair, quand il sera obscur. C'est à son censeur à l'instruire; car, quelque génie qu'ait un poète, il lui faut un censeur.

QUESTIONS

— En vous appuyant sur votre expérience de la tragédie antique et classique, jugez l'idée de Diderot selon laquelle le spectateur doit être au courant de tout dès le début de la pièce. Le goût de l'auteur pour le paradoxe n'apparaît-il pas ici? S'en rend-il compte?
— Les théoriciens classiques de l'art dramatique sont-ils entièrement justiciables de la critique que leur fait Diderot (lignes 126-136)?
— Voit-on souvent dans une théorie de l'art dramatique le rôle de l'acteur mis en relief dans l'esprit où le fait Diderot? Pensez-vous que ce dernier ait raison? En quoi est-ce justifié suivant son dessein?

Heureux, mon ami, s'il en rencontre un qui soit vrai, et qui ait plus de génie que lui! C'est de lui qu'il apprendra que l'oubli le plus léger suffit pour détruire toute illusion; qu'une petite
35 circonstance omise ou mal présentée décèle le mensonge; qu'un drame est fait pour le peuple, et qu'il ne faut supposer au peuple ni trop d'imbécillité[1], ni trop de finesse.

Expliquer tout ce qui le demande, mais rien au-delà.

Il y a des choses minutieuses que le spectateur ne se soucie
40 pas d'apprendre, et dont il se rendra raison à lui-même. Un incident n'a-t-il qu'une cause, et cette cause ne se présente-t-elle pas tout à coup à l'esprit? C'est une énigme qu'on laisserait à deviner. Un incident a-t-il pu naître d'une manière simple et naturelle? L'expliquer, c'est s'appesantir sur un
45 détail qui n'excite point ma curiosité.

Rien n'est beau s'il n'est un; et c'est le premier incident qui décidera de la couleur de l'ouvrage entier.

Si l'on débute par une situation forte, tout le reste sera de la même vigueur, ou languira. Combien de pièces que le début
50 a tuées! Le poète a craint de commencer froidement, et ses situations ont été si fortes, qu'il n'a pu soutenir les premières impressions qu'il m'a faites. **(26)**

[XIII. DES CARACTÈRES.]

Si le plan de l'ouvrage est bien fait, si le poète a bien choisi son premier moment, s'il est entré par le centre de l'action, s'il a bien dessiné ses caractères, comment n'aurait-il pas du succès? Mais c'est aux situations à décider des caractères.
5 Le plan d'un drame peut être fait et bien fait, sans que le poète sache rien encore du caractère qu'il attachera à ses personnages. Des hommes de différents caractères sont tous les jours exposés à un même événement. Celui qui sacrifie

---

1. *Imbécillité :* voir page 24, ligne 21 et la note.

—— **QUESTIONS** ——

26. SUR LE CHAPITRE XII. — D'après ce chapitre, précisez si Diderot entend l'exposition au sens le plus strict ou s'il parle de la marche parallèle de l'action et des éclaircissements donnés au spectateur. Expliquez les raisons du choix fait par l'auteur.

— Discutez la critique faite au *Tartuffe*. Le passage suivant n'en contient-il pas une autre, concernant la marche de l'action?

— Les qualités de l'action dramatique selon Diderot. Comment ce chapitre complète-t-il le précédent?

sa fille peut être ambitieux, faible ou féroce. Celui qui a perdu
10 son argent, riche ou pauvre. Celui qui craint pour sa maîtresse,
bourgeois ou héros, tendre ou jaloux, prince ou valet.

Les caractères seront bien pris, si les situations en deviennent
plus embarrassantes et plus fâcheuses. Songez que les vingt-
quatre heures que vos personnages vont passer sont les plus
15 agitées et les plus cruelles de leur vie. Tenez-les donc dans
la plus grande gêne possible. Que vos situations soient fortes;
opposez-les aux caractères; opposez encore les intérêts aux
intérêts. Que l'un ne puisse tendre à son but sans croiser les
desseins d'un autre; et que tous occupés d'un même événement,
20 chacun le veuille à sa manière.

Le véritable contraste, c'est celui des caractères avec les
situations; c'est celui des intérêts avec les intérêts. Si vous
rendez Alceste amoureux, que ce soit d'une coquette; Harpagon, d'une fille pauvre. **(27)**

25 « Mais, pourquoi ne pas ajouter à ces deux sortes de
contrastes, celui des caractères entre eux? Cette ressource
est si commode au poète! »

Ajoutez, et si commune, que celle de placer sur le devant
d'un tableau des objets qui servent de repoussoir, n'est pas
30 plus familière au peintre.

Je veux que les caractères soient différents; mais je vous
avoue que le contraste m'en déplaît. Écoutez mes raisons,
et jugez.

Je remarque d'abord que le contraste est mauvais dans le
35 style. Voulez-vous que des idées grandes, nobles et simples
se réduisent à rien? Faites-les contraster entre elles, ou dans
l'expression.

Voulez-vous qu'une pièce de musique soit sans expression
et sans génie? Jetez-y du contraste, et vous n'aurez qu'une
40 suite alternative de doux et de fort, de grave et d'aigu.

Voulez-vous qu'un tableau soit d'une composition désa-
gréable et forcée? Méprisez la sagesse de Raphaël[1]; strapassez[2],
faites contraster vos figures.

---

1. *Raphaël* (1483-1520) fut peintre, architecte et archéologue; 2. *Strapasser* : outrer (ici).

QUESTIONS

---

27. Quelle est l'idée dominante de Diderot ici? Justifiez les exemples qu'il prend et cherchez-en d'autres. Pourquoi cette solution accroît-elle la densité dramatique?

L'architecture aime la grandeur et la simplicité; je ne dirai
45 pas qu'elle rejette le contraste; elle ne l'admet point.

Dites-moi comment il se fait que le contraste soit une si
pauvre chose dans tous les genres d'imitation, excepté dans
le dramatique?

Mais, un moyen sûr de gâter un drame et de le rendre insou-
50 tenable à tout homme de goût, ce serait d'y multiplier les
contrastes.

Je ne sais quel jugement on portera du *Père de famille;*
mais s'il n'est que mauvais, je l'aurais rendu détestable en
mettant le Commandeur en contraste avec le Père de famille;
55 Germeuil avec Cécile; Saint-Albin avec Sophie, et la femme
de chambre avec un des valets. Voyez ce qui résulterait de
ces antithèses; je dis antithèses, car le contraste des caractères est dans le plan d'un drame ce que cette figure est dans
le discours. Elle est heureuse, mais il en faut user avec sobriété;
60 et celui qui a le ton élevé, s'en passe toujours.

Une des parties les plus importantes dans l'art dramatique,
et une des plus difficiles, n'est-ce pas de cacher l'art? Or,
qu'est-ce qui en montre plus que le contraste? Ne paraît-il
pas fait à la main? N'est-ce pas un moyen usé? Quelle est
65 la pièce comique où il n'ait pas été mis en œuvre? Et quand
on voit arriver sur la scène un personnage impatient ou bourru,
où est le jeune homme échappé du collège, et caché dans un
coin du parterre, qui ne se dise à lui-même : Le personnage
tranquille et doux n'est pas loin?

70 Mais n'est-ce pas assez du vernis romanesque, malheureusement attaché au genre dramatique par la nécessité de n'imiter
l'ordre général des choses que dans le cas où il s'est plu à
combiner des incidents extraordinaires, sans ajouter encore à
ce vernis si opposé à l'illusion, un choix de caractères qui ne
75 se trouvent presque jamais rassemblés? Quel est l'état commun
des sociétés? Est-ce celui où les caractères sont différents, ou
celui où ils sont contrastés? Pour une circonstance de la vie
où le contraste des caractères se montre aussi tranché qu'on le
demande au poète, il y en a cent mille où ils ne sont que différents.

80 Le contraste des caractères avec les situations, et des intérêts
entre eux, est au contraire de tous les instants.

Pourquoi a-t-on imaginé de faire contraster un caractère
avec un autre? C'est sans doute afin de rendre l'un des deux
plus sortant; mais on n'obtiendra cet effet qu'autant que ces
85 caractères paraîtront ensemble : de là, quelle monotonie pour

le dialogue! Quelle gêne pour la conduite! Comment réussirai-je à enchaîner naturellement les événements et à établir entre les scènes la succession convenable, si je suis occupé de la nécessité de rapprocher tel personnage de tel autre? Combien de
90 fois n'arrivera-t-il pas que le contraste demande une scène, et que la vérité de la fable en demande une autre?

D'ailleurs, si les deux personnages contrastants étaient dessinés avec la même force, ils rendraient le sujet du drame équivoque.

95 Je suppose que *le Misanthrope* n'eût point été affiché, et qu'on l'eût joué sans annonce; que serait-il arrivé si Philinte eût eu son caractère, comme Alceste a le sien? Le spectateur n'aurait-il pas été dans le cas de demander, du moins à la première scène, où rien ne distingue encore le personnage
100 principal, lequel des deux on jouait, du Philanthrope ou du Misanthrope? Et comment évite-t-on cet inconvénient? On sacrifie l'un des deux caractères. On met dans la bouche du premier tout ce qui est pour lui, et l'on fait du second un sot ou un maladroit. Mais le spectateur ne sent-il pas ce défaut,
105 surtout lorsque le caractère vicieux est le principal, comme dans l'exemple que je viens de citer?

« La première scène du *Misanthrope* est cependant un chef-d'œuvre. »

Oui : mais qu'un homme de génie s'en empare; qu'il donne
110 à Philinte autant de sang-froid, de fermeté, d'éloquence, d'honnêteté, d'amour pour les hommes, d'indulgence pour leurs défauts, de compassion pour leur faiblesse qu'un ami véritable du genre humain en doit avoir; et tout à coup, sans toucher au discours d'Alceste, vous verrez le sujet de la pièce
115 devenir incertain. Pourquoi donc ne l'est-il pas? Est-ce qu'Alceste a raison? Est-ce que Philinte a tort? Non; c'est que l'un plaide bien sa cause, et que l'autre défend mal la sienne.

Voulez-vous, mon ami, vous convaincre de toute la force de cette observation? Ouvrez *les Adelphes* de Térence, vous
120 y verrez deux pères contrastés, et tous les deux avec la même force; et défiez le critique le plus délié de vous dire, de Micion ou de Demea, qui est le personnage principal. S'il ose prononcer avant la dernière scène, il trouvera, à son étonnement, que celui qu'il a pris pendant cinq actes pour un homme sensé,
125 n'est qu'un fou; et que celui qu'il a pris pour un fou, pourrait bien être l'homme sensé.

On dirait, au commencement du cinquième acte de ce drame,

que l'auteur, embarrassé du contraste qu'il avait établi, a été
contraint d'abandonner son but, et de renverser l'intérêt de
130 sa pièce. Mais qu'est-il arrivé ? C'est qu'on ne sait plus à qui
s'intéresser ; et qu'après avoir été pour Micion contre Demea,
on finit sans savoir pour qui l'on est. On désirerait presque
un troisième père qui tînt le milieu entre ces deux personnages,
et qui en fît connaître le vice.

135 Si l'on croit qu'un drame sans personnages contrastés en
sera plus facile, on se trompe. Lorsque le poète ne pourra
faire valoir ses rôles que par leurs différences, avec quelle
vigueur ne faudra-t-il pas qu'il les dessine et les colorie ? S'il
ne veut pas être aussi froid qu'un peintre qui placerait des
140 objets blancs sur un fond blanc, il aura sans cesse les yeux
sur la diversité des états, des âges, des situations et des intérêts ; et loin d'être jamais dans le cas d'affaiblir un caractère
pour donner de la force à un autre, son travail sera de les fortifier tous. (28)

145 Plus un genre sera sérieux, moins il me semblera admettre
le contraste. Il est rare dans la tragédie. Si on l'y introduit,
ce n'est qu'entre les subalternes. Le héros est seul. Il n'y a
point de contraste dans *Britannicus*, point dans *Andromaque*,
point dans *Cinna*, point dans *Iphigénie*, point dans *Zaïre*,
150 point dans *le Tartuffe*.

Le contraste n'est pas nécessaire dans les comédies de caractère ; il est au moins superflu dans les autres.

Il y a une tragédie de Corneille, c'est, je crois, *Nicomède*,
où la générosité est la qualité dominante de tous les person-
155 nages. Quel mérite ne lui a-t-on pas fait de cette fécondité,
et avec combien juste raison ?

Térence contraste peu ; Plaute contraste moins encore ;
Molière plus souvent. Mais, si le contraste fut quelquefois
pour Molière le moyen d'un homme de génie, est-ce une
160 raison pour le prescrire aux autres poètes ? N'en serait-ce pas
une, au contraire, pour le leur interdire ?

Mais que devient le dialogue entre des personnages contrastants ? Un tissu de petites idées, d'antithèses ; car il faudra

─────── **QUESTIONS** ───────

28. Rappelez et discutez les raisons que donne Diderot pour refuser
les contrastes de caractères. Appuyez-vous, pour ce faire, sur des exemples
précis. — Rapprochez la critique faite du *Misanthrope* ici de celle de
J.-J. Rousseau dans sa *Lettre à d'Alembert sur les spectacles* (octobre 1758).
L'intention est-elle identique dans les deux textes ?

bien que les propos aient entre eux la même opposition que
165 les caractères. Or, c'est à vous, mon ami, que j'en appelle,
et à tout homme de goût. L'entretien simple et naturel de
deux hommes qui auront des intérêts, des passions et des âges
différents, ne vous plaira-t-il pas davantage?

Je ne puis supporter le contraste dans l'épique, à moins
170 qu'il ne soit de sentiments ou d'images. Il me déplaît dans
la tragédie. Il est superflu dans le comique sérieux. On peut
s'en passer dans la comédie gaie. Je l'abandonnerai donc au
farceur. Pour celui-ci, qu'il le multiplie et le force dans sa
composition tant qu'il lui plaira, il n'a rien qui vaille à gâter.

175 Quant à ce contraste de sentiments ou d'images que j'aime
dans l'épique, dans l'ode et dans quelques genres de poésie
élevée, si l'on me demande ce que c'est, je répondrai : C'est
un des caractères les plus marqués du génie; c'est l'art de
porter dans l'âme des sensations extrêmes et opposées; de la
180 secouer, pour ainsi dire, au sens contraire, et d'y exciter un
tressaillement mêlé de peine et de plaisir, d'amertume et de
douceur, de douceur et d'effroi. **(29)**

Tel est l'effet de cet endroit de *l'Iliade* où le poète me montre
Jupiter assis sur l'Ida; au pied du mont les Troyens et les
185 Grecs s'entr'égorgeant dans la nuit qu'il a répandue sur eux,
et cependant les regards du dieu, inattentifs et sereins, tournés
sur les campagnes innocentes des Éthiopiens qui vivent de
lait[1]. C'est ainsi qu'il m'offre à la fois le spectacle de la misère
et du bonheur, de la paix et du trouble, de l'innocence et du
190 crime, de la fatalité de l'homme et de la grandeur des dieux.
Je ne vois au pied de l'Ida qu'un amas de fourmis.

Le même poète propose-t-il un prix à des combattants?
Il met devant eux des armes, un taureau qui menace de la
corne, de belles femmes et du fer[2].

195 Lucrèce a bien connu ce que pouvait l'opposition du terrible et du voluptueux, lorsque ayant à peindre le transport
effréné de l'amour, quand il s'est emparé des sens, il me réveille
l'idée d'un lion qui, les flancs traversés d'un trait mortel,

---

1. Homère, *l'Iliade*, XIII, vers 1-16; **2.** Homère, *l'Iliade*, XXIII, vers 259-261.

─────── **QUESTIONS** ───────

29. Qu'apporte de neuf ce passage? Montrez que Diderot, toujours
soucieux de la tragédie bourgeoise, cherche à placer sa poétique au
niveau des genres les plus considérés à l'époque.

s'élance avec fureur sur le chasseur qui l'a blessé, le renverse,
200 cherche à expirer sur lui, et le laisse tout couvert de son propre
sang[1].

L'image de la mort est à côté de celle du plaisir, dans les
odes les plus piquantes d'Horace, et dans les chansons les
plus belles d'Anacréon[2].

205 Et Catulle[3] ignorait-il la magie de ce contraste, lorsqu'il a dit :

> Vivamus, mea Lesbia, atque amemus,
> Rumorèsque senum severiorum
> Omnes unius æstimemus assis.
> Soles occidere, et redire possunt ;
> Nobis, cum semel occidet brevis lux,
> Nox est perpetua una dormienda.
> Da mi basia mille[4].

Et l'auteur de *l'Histoire naturelle*, lorsque après la peinture d'un jeune animal, tranquille habitant des forêts, qu'un
bruit subit et nouveau a rempli d'effroi, opposant le délicat
et le sublime, il ajoute : « Cependant si le bruit est sans effet,
210 s'il cesse, l'animal reconnaît d'abord le silence ordinaire de
la nature ; il se calme, s'arrête et regagne, à pas égaux, sa
paisible retraite[5]. »

Et l'auteur de *l'Esprit*, lorsque, confondant des idées sen-
suelles avec des idées féroces, il s'écrie, par la bouche d'un
215 fanatique expirant : « Quelle joie inconnue me saisit !... Je
meurs : j'entends la voix d'Odin qui m'appelle ; déjà les portes
de son palais s'ouvrent ; je vois sortir des filles demi-nues ;
elles sont ceintes d'une écharpe bleue qui relève la blancheur
de leur sein ; elles s'avancent vers moi, et m'offrent une bière
220 délicieuse dans le crâne sanglant de mes ennemis[6]. »

Il y a un paysage du Poussin où l'on voit de jeunes ber-
gères qui dansent au son du chalumeau ; et à l'écart, un tom-

---

1. Lucrèce, *De la nature des choses*, IV, vers 1048-1057 ; 2. *Anacréon :* poète lyrique
grec (560-478 av. J.-C.) ; 3. *Catulle :* poète lyrique et satirique latin (87-54 environ
av. J.-C.) ; 4. *A Lesbie*, vers 1-7 : « Vivons, ma Lesbie, aimons-nous et que tous les
murmures des vieillards moroses aient pour nous la valeur d'un as. Les feux du
soleil peuvent mourir et renaître ; nous, quand une fois est morte la brève lumière
de notre vie, il nous faut dormir une seule et même nuit éternelle. Donne-moi mille
baisers » (traduction de G. Lafaye, Ed. des Belles Lettres). Le texte des Belles Lettres
propose, au vers 5, *occidit* et ne signale pas *occidet* comme variante possible. Un *as* :
un sou ; 5. Buffon, *Discours sur la nature des animaux* ; 6. Helvétius, *De l'esprit*,
III, xxv.

beau avec cette inscription : *Je vivais aussi dans la délicieuse
Arcadie*[1]. Le prestige de style dont il s'agit, tient quelque-
225 fois à un mot qui détourne ma vue du sujet principal, et qui
me montre de côté, comme dans le paysage du Poussin, l'espace,
le temps, la vie, la mort, ou quelque autre idée grande et
mélancolique, jetée tout au travers des images de la gaieté.
Voilà les seuls contrastes qui me plaisent. Au reste, il y en
230 a de trois sortes entre les caractères. Un contraste de vertu,
et un contraste de vice. Si un personnage est avare, un autre
peut contraster avec lui, ou par l'économie, ou par la prodi-
galité; et le contraste de vice ou de vertu peut être réel ou
feint. Je ne connais aucun exemple de ce dernier : il est vrai
235 que je connais peu le théâtre. Il me semble que, dans la comédie
gaie, il ferait un effet assez agréable; mais une fois seulement.
Ce caractère sera usé dès la première pièce. J'aimerais bien à
voir un homme qui ne fût pas, mais qui affectât d'être d'un
caractère opposé à un autre. Ce caractère serait original; pour
240 neuf, je n'en sais rien.
Concluons qu'il n'y a qu'une raison pour contraster les
caractères, et qu'il y en a plusieurs pour les montrer différents.
Mais qu'on lise les poétiques; on n'y trouvera pas un mot
de ces contrastes. Il me paraît donc qu'il en est de cette loi
245 comme de beaucoup d'autres; qu'elle a été faite d'après quelque
production de génie, où l'on aura remarqué un grand effet
du contraste, et qu'on aura dit : Le contraste fait bien ici;
donc on ne peut bien faire sans contraste. Voilà la logique
de la plupart de ceux qui ont osé donner des bornes à un art,
250 dans lequel ils ne se sont jamais exercés. C'est aussi celle des
critiques sans expérience, qui nous jugent d'après ces autorités.
Je ne sais, mon ami, si l'étude de la philosophie ne me
rappellera pas à elle, et si *le Père de famille* est ou n'est pas
mon dernier drame : mais je suis sûr de n'introduire le contraste
255 des caractères dans aucun. **(30)**

---

1. Allusion au tableau de Poussin *les Bergers d'Arcadie*, exécuté vers 1638-1639.

—————— **QUESTIONS** ——————

30. Sur l'ensemble du chapitre XIII. — Importance du thème abordé
dans ce chapitre. A quelle conclusion arrive Diderot? Discutez-la.

[XIV. De la division de l'action et des actes.]

Lorsque l'esquisse est faite et remplie, et que les caractères sont arrêtés, on passe à la division de l'action.

Les actes sont les parties du drame. Les scènes sont les parties de l'acte.

5 L'acte est une portion de l'action totale d'un drame. Il en renferme un ou plusieurs incidents.

Après avoir donné l'avantage aux pièces simples sur les pièces composées, il serait bien singulier que je préférasse un acte rempli d'incidents à un acte qui n'en aurait qu'un.

10 On a voulu que les principaux personnages se montrassent ou fussent nommés dans le premier acte; je ne sais trop pourquoi. Il y a telle action dramatique, où il ne faudrait faire ni l'un ni l'autre.

On a voulu qu'un même personnage ne rentrât pas sur la
15 scène plusieurs fois dans un même acte : et pourquoi l'a-t-on voulu? Si ce qu'il vient dire, il ne l'a pu quand il était sur la scène; si ce qui le ramène s'est passé pendant son absence; s'il a laissé sur la scène celui qu'il y cherche; si celui-ci y est en effet; ou si, n'y étant pas, il ne le sait pas ailleurs; si le moment
20 le demande; si son retour ajoute à l'intérêt; en un mot, s'il reparaît dans l'action, comme il nous arrive tous les jours dans la société; alors, qu'il revienne, je suis tout près à le revoir et à l'écouter. Le critique citera ses auteurs tant qu'il voudra : le spectateur sera de mon avis.

25 On exige que les actes soient à peu près de la même longueur : il serait bien plus sensé de demander que la durée en fût proportionnée à l'étendue de l'action qu'ils embrassent.

Un acte sera toujours trop long, s'il est vide d'action et chargé de discours; et il sera toujours assez court, si les dis-
30 cours et les incidents dérobent au spectateur sa durée. Ne dirait-on pas qu'on écoute un drame la montre à la main? Il s'agit de sentir; et toi, tu comptes les pages et les lignes.

Le premier acte de *l'Eunuque* n'a que deux scènes et un petit monologue; et le dernier acte en a dix. Ils sont, l'un et
35 l'autre, également courts, parce que le spectateur n'a langui ni dans l'un ni dans l'autre.

Le premier acte d'un drame en est peut-être la portion la plus difficile. Il faut qu'il entame, qu'il marche, quelquefois qu'il expose, et toujours qu'il lie.

40   Si ce qu'on appelle une exposition n'est pas amené par un incident important, ou s'il n'en est pas suivi, l'acte sera froid. Voyez la différence du premier acte de *l'Andrienne* ou de *l'Eunuque*, et du premier acte de *l'Hécyre*.

[XV. Des entractes.]

On appelle entracte la durée qui sépare un acte du suivant. Cette durée est variable; mais puisque l'action ne s'arrête point, il faut que, lorsque le mouvement cesse sur la scène, il continue derrière. Point de repos, point de suspension. Si
5 les personnages reparaissaient, et que l'action ne fût pas plus avancée que quand ils ont disparu, ils se seraient tous reposés, ou ils auraient été distraits par des occupations étrangères; deux suppositions contraires, sinon à la vérité, du moins à l'intérêt.
10   Le poète aura rempli sa tâche, s'il m'a laissé dans l'attente de quelque grand événement, et si l'action qui doit remplir son entracte excite ma curiosité, et fortifie l'impression que j'ai préconçue. Car, il ne s'agit pas d'élever dans mon âme différents mouvements, mais d'y conserver celui qui y règne,
15 et de l'accroître sans cesse. C'est un dard qu'il faut enfoncer depuis la pointe jusqu'à son autre extrémité; effet qu'on n'obtiendra point d'une pièce compliquée, à moins que tous les incidents rapportés à un seul personnage ne fondent sur lui, ne l'atterrent et ne l'écrasent. Alors ce personnage est
20 vraiment dans la situation dramatique. Il est gémissant et passif; c'est lui qui parle, et ce sont les autres qui agissent.
Il se passe toujours dans l'entracte, et souvent il survient dans le courant de la pièce, des incidents que le poète dérobe aux spectateurs, et qui supposent, dans l'intérieur de la maison,
25 des entretiens entre ses personnages. Je ne demanderai pas qu'il s'occupe de ces scènes, et qu'il les rende avec le même soin que si je devais les entendre. Mais s'il en faisait une esquisse, elle achèverait de le remplir de son sujet et de ses caractères; et, communiquée à l'acteur, elle le soutiendrait dans l'esprit
30 de son rôle, et dans la chaleur de son action. C'est un surcroît de travail que je me suis quelquefois donné.
Ainsi, lorsque le Commandeur pervers va trouver Germeuil pour le perdre, en l'embarquant dans le projet d'enfermer Sophie, il me semble que je le vois arriver d'une démarche

35 composée, avec un visage hypocrite et radouci, et que je lui
entends dire, d'un ton insinuant et patelin :

LE COMMANDEUR

« Germeuil, je te cherchais.

GERMEUIL

Moi, monsieur le Commandeur?

LE COMMANDEUR

Toi-même.

GERMEUIL

40 Cela vous arrive peu.

LE COMMANDEUR

Il est vrai; mais un homme tel que Germeuil se fait rechercher tôt ou tard. J'ai réfléchi sur ton caractère; je me suis
rappelé tous les services que tu as rendus à la famille; et comme
je m'interroge quelquefois quand je suis seul, je me suis demandé
45 à quoi tenait cette espèce d'aversion qui durait entre nous,
et qui éloignait deux honnêtes gens l'un de l'autre. J'ai découvert que j'avais tort, et je suis venu sur-le-champ te prier
d'oublier le passé : oui, te prier, et te demander si tu veux
que nous soyons amis?

GERMEUIL

50 Si je le veux, monsieur? En pouvez-vous douter?

LE COMMANDEUR

Germeuil, quand je hais, je hais bien.

GERMEUIL

Je le sais.

LE COMMANDEUR

Quand j'aime aussi, c'est de même, et tu vas en juger. »

Ici, le Commandeur laisse apercevoir à Germeuil que les
55 vues qu'il peut avoir sur sa nièce ne lui sont pas cachées. Il
les approuve, et s'offre à le servir. « Tu recherches ma nièce;
tu n'en conviendras pas, je te connais. Mais pour te rendre
de bons offices auprès d'elle, auprès de son père, je n'ai que
faire de ton aveu, et tu me trouveras, quand il en sera temps. »
60 Germeuil connaît trop bien le Commandeur, pour se tromper
à ses offres. Il ne doute point que ce préambule obligeant
n'annonce quelque scélératesse, et il dit au Commandeur :

GERMEUIL

« Ensuite, monsieur le Commandeur; de quoi s'agit-il?

LE COMMANDEUR

D'abord de me croire vrai, comme je le suis.

GERMEUIL

65 Cela se peut.

LE COMMANDEUR

Et de me montrer que tu n'es pas indifférent à mon retour et à ma bienveillance.

GERMEUIL

J'y suis disposé. »

Alors le Commandeur, après un peu de silence, jette négli-
70 gemment et comme par forme de conversation : « Tu as vu mon neveu?

GERMEUIL

Il sort d'ici.

LE COMMANDEUR

Tu ne sais pas ce que l'on dit?

GERMEUIL

Et que dit-on?

LE COMMANDEUR

75 Que c'est toi qui l'entretiens dans sa folie; mais il n'en est rien.

GERMEUIL

Rien, monsieur.

LE COMMANDEUR

Et tu ne prends aucun intérêt à cette petite fille?

GERMEUIL

Aucun.

LE COMMANDEUR

80 D'honneur?

GERMEUIL

Je vous l'ai dit.

LE COMMANDEUR

Et si je te proposais de te joindre à moi pour terminer en un moment tout le trouble de la famille, tu le ferais?

GERMEUIL

Assurément.

LE COMMANDEUR

85 Et je pourrais m'ouvrir à toi.

GERMEUIL

Si vous le jugez à propos.

LE COMMANDEUR

Et tu me garderais le secret?

GERMEUIL

Si vous l'exigez.

LE COMMANDEUR

Germeuil... et qui empêcherait... tu ne devines pas?

GERMEUIL

90 Est-ce qu'on vous devine? »

Le Commandeur lui révèle son projet. Germeuil voit tout
d'un coup le danger de cette confidence; il en est troublé.
Il cherche, mais inutilement, à ramener le Commandeur.
Il se récrie sur l'inhumanité qu'il y a à persécuter une inno-
95 cente... « Où est la commisération, la justice? — La commisération? il s'agit bien de cela; et la justice est à séquestrer
des créatures qui ne sont dans le monde que pour égarer
les enfants et désoler leurs parents. — Et votre neveu? — Il
en aura d'abord quelque chagrin; mais une autre fantaisie
100 effacera celle-là. Dans deux jours, il n'y paraîtra plus, et nous
lui aurons rendu un service important. — Et ces ordres qui
disposent des citoyens, croyez-vous qu'on les obtienne ainsi?
— J'attends le mien, et dans une heure ou deux nous pourrons
manœuvrer. — Monsieur le Commandeur, à quoi m'engagez-
105 vous? — Il accède; je le tiens. A faire ta cour à mon frère,
et à m'attacher à toi pour jamais. — Saint-Albin! — Eh bien!
Saint-Albin, Saint-Albin! c'est ton ami, mais ce n'est pas toi.
Germeuil, soi, soi d'abord, et les autres après, si l'on peut.
— Monsieur. — Adieu; je vais savoir si ma lettre de cachet
110 est venue, et te rejoindre sur-le-champ. — Un mot encore,
s'il vous plaît. — Tout est entendu, tout est dit : ma fortune
et ma nièce. »

Le Commandeur, rempli d'une joie qu'il a peine à dissimuler, s'éloigne vite; il croit Germeuil embarqué et perdu
115 sans ressource, il craint de lui donner le temps du remords.
Germeuil le rappelle; mais il va toujours, et ne se retourne
que pour lui dire du fond de la salle : « Et ma fortune, et
ma nièce. »

Je me trompe fort, ou l'utilité de ces scènes ébauchées
dédommagerait un auteur de la peine légère qu'il aurait prise
à les faire.

Si un poète a bien médité son sujet et bien divisé son action,
il n'y aura aucun de ses actes auquel il ne puisse donner un titre;

et de même que dans le poème épique on dit la descente aux
125 enfers, les jeux funèbres, le dénombrement de l'armée, l'apparition de l'ombre; on dirait, dans le dramatique, l'acte des
soupçons, l'acte des fureurs, celui de la reconnaissance ou du
sacrifice. Je suis étonné que les Anciens ne s'en soient pas
avisés : cela est tout à fait dans leur goût. S'ils eussent intitulé
130 leurs actes, ils auraient rendu service aux modernes, qui n'auraient pas manqué de les imiter; et le caractère de l'acte fixé,
le poète aurait été forcé de le remplir. **(31)**

[XVI. Des scènes.]

Lorsque le poète aura donné à ses personnages les caractères les plus convenables, c'est-à-dire les plus opposés aux
situations, s'il a un peu d'imagination, je ne pense pas qu'il
puisse s'empêcher de s'en former des images. C'est ce qui
5 nous arrive tous les jours à l'égard des personnes dont nous
avons beaucoup entendu parler. Je ne sais s'il y a quelque
analogie entre les physionomies et les actions; mais je sais
que les passions, les discours et les actions ne nous sont pas
plus tôt connus, qu'au même instant nous imaginons un
10 visage auquel nous les rapportons; et s'il arrive que nous
rencontrions l'homme, et qu'il ne ressemble pas à l'image
que nous nous en sommes formée, nous lui dirions volontiers
que nous ne le reconnaissons pas, quoique nous ne l'ayons
jamais vu. Tout peintre, tout poète dramatique sera physio-
15 nomiste.

Ces images, formées d'après les caractères, influeront aussi
sur les discours et sur le mouvement de la scène; surtout si
le poète les évoque, les voit, les arrête devant lui, et en remarque
les changements.

─────── **QUESTIONS** ───────

31. Sur les chapitres xiv et xv. — Mettez en relief la construction
antithétique de ces deux chapitres : le premier, essentiellement négatif,
opposé au caractère positif du second.
— Appréciez la critique faite par Diderot des préceptes habituels
donnés par les théoriciens (chapitre xiv).
— Soulignez l'originalité de l'idée exprimée dans le chapitre xv. Jusqu'à quel point Diderot pousse-t-il l'application de celle-ci? Valeur de
cette suggestion.
— L'idée de donner un titre à chaque acte a-t-elle été reprise et exploitée
après Diderot? Comparez ce que Diderot en espérait avec l'usage qui en
a été fait.

20   Pour moi, je ne conçois pas comment le poète peut commencer une scène, s'il n'imagine pas l'action et le mouvement du personnage qu'il introduit; si sa démarche et son masque ne lui sont pas présents. C'est ce simulacre qui inspire le premier mot, et le premier mot donne le reste.

25   Si le poète est secouru par ces physionomies idéales, lorsqu'il débute, quel parti ne tirera-t-il pas des impressions subites et momentanées qui les font varier dans le cours du drame, et même dans le cours d'une scène?... Tu pâlis... tu trembles... tu me trompes... Dans le monde, parle-t-on à quelqu'un? On
30 le regarde, on cherche à démêler dans ses yeux, dans ses mouvements, dans ses traits, dans sa voix, ce qui se passe au fond de son cœur; rarement au théâtre. Pourquoi? C'est que nous sommes encore loin de la vérité.

    Un personnage sera nécessairement chaud et pathétique,
35 s'il part de la situation même de ceux qu'il trouve sur la scène.

    Attachez une physionomie à vos personnages; mais que ce ne soit pas celle des acteurs. C'est à l'acteur à convenir au rôle, et non pas au rôle à convenir à l'acteur. Qu'on ne dise jamais de vous, qu'au lieu de chercher vos caractères
40 dans les situations, vous avez ajusté vos situations au caractère et au talent du comédien.

    N'êtes-vous pas étonné, mon ami, que les Anciens soient quelquefois tombés dans cette petitesse? Alors on couronnait le poète et le comédien. Et lorsqu'il y avait un acteur
45 aimé du public, le poète complaisant insérait dans son drame un épisode qui communément le gâtait, mais qui amenait sur la scène l'acteur chéri.

    J'appelle scènes composées, celles où plusieurs personnages sont occupés d'une chose, tandis que d'autres personnages sont
50 à une chose différente ou à la même chose, mais à part.

    Dans une scène simple, le dialogue se succède sans interruption. Les scènes composées sont ou parlées, ou pantomimes et parlées, ou toutes pantomimes.

    Lorsqu'elles sont pantomimes et parlées, le discours se place
55 dans les intervalles de la pantomime, et tout se passe sans confusion. Mais il faut de l'art pour ménager ces jours.

    C'est ce que j'ai essayé dans la première scène du second acte du *Père de famille;* c'est ce que j'aurais pu tenter à la troisième scène du même acte. Mme Hébert, personnage pan-
60 tomime et muet, aurait pu jeter, par intervalles, quelques mots qui n'auraient pas nui à l'effet; mais il fallait trouver ces

mots. Il en eût été de même de la scène du quatrième acte, où
Saint-Albin revoit sa maîtresse en présence de Germeuil et
de Cécile. Là, un plus habile eût exécuté deux scènes simul-
65 tanées; l'une sur le devant, entre Saint-Albin et Sophie; l'autre,
sur le fond, entre Cécile et Germeuil, peut-être en ce moment
plus difficiles à peindre que les premiers; mais des acteurs
intelligents sauront bien créer cette scène.

Combien je vois encore de tableaux à exposer si j'osais,
70 ou plutôt si je réunissais le talent de faire à celui d'imaginer!

Il est difficile au poète d'écrire en même temps ces scènes
simultanées; mais comme elles ont des objets distincts, il
s'occupera d'abord de la principale. J'appelle la principale,
celle qui, pantomime ou parlée, doit surtout fixer l'attention
75 du spectateur.

J'ai tâché de séparer tellement les deux scènes simultanées
de Cécile et du Père de famille, qui commencent le second
acte, qu'on pourrait les imprimer à deux colonnes, où l'on
verrait la pantomime de l'une correspondre au discours de
80 l'autre; et le discours de celle-ci correspondre alternativement
à la pantomime de celle-là. Ce partage serait commode pour
celui qui lit, et qui n'est pas fait au mélange du discours et
du mouvement.

Il est une sorte de scènes épisodiques, dont nos poètes
85 nous offrent peu d'exemples, et qui me paraissent bien naturelles. Ce sont des personnages comme il y en a tant dans le
monde et dans les familles, qui se fourrent partout sans être
appelés, et qui, soit bonne ou mauvaise volonté, intérêt, curiosité, ou quelque autre motif pareil, se mêlent de nos affaires,
90 et les terminent ou les brouillent malgré nous. Ces scènes,
bien ménagées, ne suspendraient point l'intérêt; loin de couper
l'action, elles pourraient l'accélérer. On donnera à ces inter-
venants le caractère qu'on voudra; rien n'empêche même
qu'on ne les fasse contraster. Ils demeurent trop peu pour
95 fatiguer. Ils relèveront alors le caractère auquel on les oppo-
sera. Telle est madame Pernelle dans *le Tartuffe*, et Antiphon
dans *l'Eunuque*. Antiphon court après Cherea, qui s'était
chargé d'arranger un souper; il le rencontre avec son habit
d'eunuque, au sortir de chez la courtisane, appelant un ami
100 dans le sein de qui il puisse répandre toute la joie scélérate
dont son âme est remplie. Antiphon est amené là fort naturellement et fort à propos. Passé cette scène, on ne le revoit plus.

La ressource de ces personnages nous est d'autant plus

nécessaire, que, privées des chœurs qui représentaient le peuple
105 dans les drames anciens, nos pièces, renfermées dans l'intérieur de nos habitations, manquent, pour ainsi dire, d'un fond
sur lequel les figures sont projetées. **(32)**

[XVII. Du ton.]

Il y a, dans le drame, ainsi que dans le monde, un ton propre
à chaque caractère. La bassesse de l'âme, la méchanceté tracas-
sière et la bonhomie ont pour l'ordinaire le ton bourgeois
et commun.

5 Il y a de la différence entre la plaisanterie de théâtre et la
plaisanterie de société. Celle-ci serait trop faible sur la scène,
et n'y ferait aucun effet. L'autre serait trop dure dans le monde,
et elle offenserait. Le cynisme, si odieux, si incommode dans
la société, est excellent sur la scène.

10 Autre chose est la vérité en poésie; autre chose, en philosophie. Pour être vrai, le philosophe doit conformer son
discours à la nature des objets; le poète à la nature de ses
caractères.

Peindre d'après la passion et l'intérêt, voilà son talent.

15 De là, à chaque instant, la nécessité de fouler aux pieds
les choses les plus saintes, et de préconiser des actions atroces.

Il n'y a rien de sacré pour le poète, pas même la vertu,
qu'il couvrira de ridicule, si la personne et le moment l'exigent.
Il n'est ni impie, lorsqu'il tourne ses regards indignés vers le
20 ciel, et qu'il interpelle les dieux dans sa fureur; ni religieux,
lorsqu'il se prosterne au pied de leurs autels, et qu'il leur adresse
une humble prière.

Il a introduit un méchant? Mais ce méchant vous est odieux;

––––––– **QUESTIONS** –––––––

32. SUR LE CHAPITRE XVI. — Relevez les idées essentielles exprimées
ici. Comparez-les avec les *Entretiens sur « le Fils naturel »* : que retrouve-
t-on, qui sera d'ailleurs développé plus loin (chapitre XXI)? Pourquoi
cette insistance?
— Comparez ce que dit ici Diderot (lignes 48-58) avec la scène première de l'acte II du *Père de famille*.
— Cherchez dans ce chapitre une critique qui peut viser Marivaux
(relation entre les personnages et les acteurs).
— Les personnages épisodiques : pourquoi étaient-ils fort peu nombreux dans le théâtre classique? Quel rôle leur assigne Diderot? Dans
quelles conditions? Précisez l'utilisation croissante qui en sera faite,
des personnages secondaires aux figurants, au théâtre, puis dans un certain cinéma.

ses grandes qualités, s'il en a, ne vous ont point ébloui sur ses
25 vices; vous ne l'avez point vu, vous ne l'avez point entendu,
sans en frémir d'horreur; et vous êtes sorti consterné sur son
sort.

Pourquoi chercher l'auteur dans ses personnages? Qu'a
de commun Racine avec *Athalie*, Molière avec *le Tartuffe?*
30 Ce sont des hommes de génie qui ont su fouiller au fond de
nos entrailles, et en arracher le trait qui nous frappe. Jugeons
les poèmes, et laissons là les personnes.

Nous ne confondrons, ni vous, ni moi, l'homme qui vit,
pense, agit et se meut au milieu des autres; et l'homme enthou-
35 siaste, qui prend la plume, l'archet, le pinceau, ou qui monte
sur ses tréteaux. Hors de lui, il est tout ce qu'il plaît à l'art
qui le domine. Mais l'instant de l'inspiration passé, il rentre
et redevient ce qu'il était; quelquefois un homme commun.
Car telle est la différence de l'esprit et du génie, que l'un est
40 presque toujours présent, et que souvent l'autre s'absente. (33)

Il ne faut pas considérer une scène comme un dialogue.
Un homme d'esprit se tirera d'un dialogue isolé. La scène
est toujours l'ouvrage du génie. Chaque scène a son mouvement et sa durée. On ne trouve point le mouvement vrai, sans
45 un effort d'imagination. On ne mesure pas exactement la durée,
sans l'expérience et le goût.

Cet art du dialogue dramatique, si difficile, personne peut-
être ne l'a possédé au même degré que Corneille. Ses personnages se pressent sans ménagements; ils parent et portent
50 en même temps; c'est une lutte. La réponse ne s'accroche
pas au dernier mot de l'interlocuteur; elle touche à la chose
et au fond. Arrêtez-vous où vous voudrez; c'est toujours celui
qui parle, qui vous paraît avoir raison.

Lorsque, livré tout entier à l'étude des lettres, je lisais
55 Corneille, souvent je fermais le livre au milieu d'une scène,
et je cherchais la réponse : il est assez inutile de dire que mes
efforts ne servaient communément qu'à m'effrayer sur la
logique et sur la force de tête de ce poète. J'en pourrais citer
mille exemples; mais en voici un entre autres, que je me

––––––––– **QUESTIONS** –––––––––––––––––––––

33. Que veut montrer Diderot ici? Mettez en relief l'enchaînement
des idées. La distinction absolue qu'il fait entre l'auteur et ses personnages est-elle un faux problème? Connaissez-vous des cas, dans l'histoire
littéraire, où la confusion de l'un et des autres a entraîné des erreurs
de jugement et des conséquences fâcheuses pour l'auteur?

60 rappelle; il est de sa tragédie de *Cinna*. Émilie a déterminé Cinna
à ôter la vie à Auguste. Cinna s'y est engagé; il y va. Mais
il se percera le sein du même poignard dont il l'aura vengée.
Émilie reste avec sa confidente. Dans son trouble elle s'écrie :

> ...Cours après lui, Fulvie...

> Que lui dirai-je?...

>> Dis-lui... Qu'il dégage sa foi,
>> Et qu'il choisisse après de la mort ou de moi[1].

65 C'est ainsi qu'il conserve le caractère, et qu'il satisfait en
un mot à la dignité d'une âme romaine, à la vengeance, à
l'ambition, à l'amour. Toute la scène de Cinna, de Maxime
et d'Auguste est incompréhensible.

Cependant ceux qui se piquent d'un goût délicat, prétendent
70 que cette manière de dialoguer est roide; qu'elle présente
partout un air d'argumentation; qu'elle étonne plus qu'elle
n'émeut. Ils aiment mieux une scène où l'on s'entretient moins
rigoureusement, et où l'on met plus de sentiment, et moins
de dialectique. On pense bien que ces gens-là sont fous de
75 Racine; et j'avoue que je le suis aussi.

Je ne connais rien de si difficile qu'un dialogue où les choses
dites et répondues ne sont liées que par des sensations si délicates, des idées si fugitives, des mouvements d'âme si rapides,
des vues si légères, qu'elles en paraissent décousues, surtout
80 à ceux qui ne sont pas nés pour éprouver les mêmes choses
dans les mêmes circonstances.

>> Ils ne se verront plus...
>> ...Ils s'aimeront toujours[2]!
>> Vous y serez, ma fille[3]...

Et le discours de Clémentine troublée : « Ma mère était
une bonne mère; mais elle s'en est allée, ou je m'en suis allée.
Je ne sais lequel[4]. »

85 Et les adieux de Barnwell et de son ami[5].

BARNWELL

« Tu ne sais pas quelle était ma fureur pour elle!... Jusqu'où

---

1. Corneille, *Cinna*, III, v; **2.** Racine, *Phèdre*, IV, vi; **3.** Racine, *Iphigénie*, II, ii;
4. Richardson, *Histoire de Charles Grandison* (1754), cité ici dans la traduction de
l'abbé Prévost (1755-1757); **5.** Lillo, *le Marchand de Londres*, V, v. La traduction
est de Diderot.

« Toute la scène de Cinna, de Maxime et d'Auguste est incompréhensible. »
(Page 86, lignes 67-68.)

Illustration de L. S. Lempereur (1728-1808) pour *Cinna*.
Bibliothèque nationale. Estampes.

la passion avait éteint en moi le sentiment de la bonté!...
Écoute... Si elle m'avait demandé de t'assassiner, toi... je ne
sais si je ne l'eusse pas fait.

L'AMI

90   Mon ami, ne t'exagère point ta faiblesse.

BARNWELL

Oui, je n'en doute point... Je t'aurais assassiné.

L'AMI

Nous ne nous sommes pas encore embrassés. Viens. »

Nous ne nous sommes pas encore embrassés : quelle réponse
à je t'aurais assassiné!

95   Si j'avais un fils qui ne sentît point ici de liaison, j'aimerais mieux qu'il ne fût pas né. Oui, j'aurais plus d'aversion
pour lui que pour Barnwell assassin de son oncle.

Et toute la scène du délire de Phèdre.

Et tout l'épisode de Clémentine.

100   Entre les passions, celles qu'on simulerait le plus facilement,
sont aussi les plus faciles à peindre. La grandeur d'âme est
de ce nombre; elle comporte partout je ne sais quoi de faux
et d'outré. En guindant son âme à la hauteur de celle de Caton,
on trouve un mot sublime. Mais le poète qui a fait dire à Phèdre :

> Dieux! que ne suis-je assise à l'ombre des forêts!...
> Quand pourrai-je, au travers d'une noble poussière,
> Suivre de l'œil un char fuyant dans la carrière[1]?

105   ce poète même n'a pu se promettre ce morceau, qu'après
l'avoir trouvé; et je m'estime plus d'en sentir le mérite, que
de quelque chose que je puisse écrire de ma vie.

Je conçois comment, à force de travail, on réussit à faire
une scène de Corneille, sans être né Corneille : je n'ai jamais
110   conçu comment on réussissait à faire une scène de Racine,
sans être né Racine. **(34)**

---

1. Racine, *Phèdre*, I, III.

——— **QUESTIONS** ———

34. Appréciez le jugement porté par Diderot sur l'art du dialogue
chez Corneille. A quoi paraît-il surtout sensible à ce point de vue? Quel
autre mot, plus explicite, proposeriez-vous pour *roide* (ligne 70)? pour
dialectique (ligne 74)? — Etes-vous d'accord avec Diderot sur la distinction faite à ce sujet entre Racine et Corneille? — Ne change-t-on
pas de registre avec l'exemple de Lillo? — Est-il exact que Corneille
soit plus facile à imiter que Racine? Pourquoi?

Molière est souvent inimitable. Il a des scènes monosylla-
biques entre quatre à cinq interlocuteurs, où chacun ne dit
que son mot; mais ce mot est dans le caractère, et le peint.
115 Il est des endroits, dans *les Femmes savantes*, qui font tomber
la plume des mains. Si l'on a quelque talent, il s'éclipse. On
reste des jours entiers sans rien faire. On se déplaît à soi-
même. Le courage ne revient qu'à mesure qu'on perd la
mémoire de ce qu'on a lu, et que l'impression qu'on en a
120 ressentie se dissipe.

Lorsque cet homme étonnant ne se soucie pas d'employer
tout son génie, alors même il le sent. Elmire se jetterait à la
tête de Tartuffe, et Tartuffe aurait l'air d'un sot qui donne
dans un piège grossier : mais voyez comment il se sauve de
125 là. Elmire a entendu sans indignation la déclaration de Tartuffe. Elle a imposé silence à son fils. Elle remarque elle-même
qu'un homme passionné est facile à séduire. Et c'est ainsi que
le poète trompe le spectateur, et esquive une scène qui eût
exigé, sans ces précautions, plus d'art encore, ce me semble,
130 qu'il n'en a mis dans la sienne. Mais, si Dorine, dans la même
pièce, a plus d'esprit, de sens, de finesse dans les idées, et même
de noblesse dans l'expression, qu'aucun de ses maîtres; si
elle dit :

> Des actions d'autrui, teintes de leurs couleurs,
> Ils pensent, dans le monde, autoriser les leurs;
> Et, sous le faux espoir de quelque ressemblance,
> Aux intrigues qu'ils ont, donner de l'innocence;
> Ou faire ailleurs tomber quelques traits partagés
> De ce blâme public dont ils sont trop chargés[1].

je ne croirai jamais que ce soit une suivante qui parle. **(35)**
135 Térence est unique, surtout dans ses récits. C'est une onde
pure et transparente qui coule toujours également, et qui ne
prend de vitesse et de murmure que ce qu'elle en reçoit de la
pente et du terrain. Point d'esprit, nul étalage de sentiment,
aucune sentence qui ait l'air épigrammatique, jamais de ces

---

1. Molière, *le Tartuffe*, acte premier, scène première.

──────── **QUESTIONS** ────────

35. Les différents jugements proposés ici sur Molière : concernent-ils
tous le même aspect du génie de l'auteur? Appréciez ces critiques après
les avoir illustrées d'exemples et vous être reportés aux textes incriminés.

140 définitions qui ne seraient placées que dans Nicole ou La Rochefoucauld. Lorsqu'il généralise une maxime, c'est d'une manière simple et populaire; vous croiriez que c'est un proverbe reçu qu'il a cité : rien qui ne tienne au sujet. Aujourd'hui que nous sommes devenus dissertateurs, combien de scènes 145 de Térence que nous appellerions vides?

J'ai lu et relu ce poète avec attention; jamais de scènes superflues, ni rien de superflu dans les scènes. Je ne connais que la première du second acte de *l'Eunuque*, qu'on pourrait peut-être attaquer. Le capitaine Thrason a fait présent à la 150 courtisane Thaïs, d'une jeune fille. C'est le parasite Gnathon qui doit la présenter. Chemin faisant avec elle, il s'amuse à débiter au spectateur un éloge très agréable de sa profession. Mais était-ce là le lieu? Que Gnathon attende sur la scène la jeune fille qu'il s'est chargé de conduire, et qu'il se dise à 155 lui-même tout ce qu'il voudra, j'y consens.

Térence ne s'embarrasse guère de lier ses scènes. Il laisse le théâtre vide jusqu'à trois fois de suite; et cela ne me déplaît pas, surtout dans les derniers actes.

Ces personnages qui se succèdent, et qui ne jettent qu'un 160 mot en passant, me font imaginer un grand trouble.

Des scènes courtes, rapides, isolées, les unes pantomimes, les autres parlées, produiraient, ce me semble, encore plus d'effet dans la tragédie. Au commencement d'une pièce, je craindrais seulement qu'elles ne donnassent trop de vitesse 165 à l'action, et ne causassent de l'obscurité.

Plus un sujet est compliqué, plus le dialogue en est facile. La multitude des incidents donne, pour chaque scène, un objet différent et déterminé; au lieu que si la pièce est simple, et qu'un seul incident fournisse à plusieurs scènes, il reste 170 pour chacune je ne sais quoi de vague qui embarrasse un auteur ordinaire; mais c'est où se montre l'homme de génie.

Plus les fils qui lient la scène au sujet seront déliés, plus le poète aura de peine. Donnez une de ces scènes indéterminées à faire à cent personnes, chacun la fera à sa manière : cepen- 175 dant il n'y en a qu'une bonne.

Des lecteurs ordinaires estiment le talent d'un poète par les morceaux qui les affectent le plus. C'est au discours d'un factieux à ses conjurés; c'est à une reconnaissance qu'ils se récrient. Mais qu'ils interrogent le poète sur son propre ouvrage; 180 et ils verront qu'ils ont laissé passer, sans l'avoir aperçu, l'endroit dont il se félicite.

Les scènes du *Fils naturel* sont presque toutes de la nature
de celles dont l'objet vague pouvait rendre le poète perplexe.
Dorval, mal avec lui-même, et cachant le fond de son âme à
185 son ami, à Rosalie, à Constance; Rosalie et Constance, dans
une situation à peu près semblable, n'offraient pas un seul
morceau de détail qui ne pût être mieux ou plus mal traité.

Ces sortes de scènes sont plus rares dans *le Père de famille*,
parce qu'il y a plus de mouvement. **(36)**

190 Il y a peu de règles générales dans l'art poétique. En voici
cependant une à laquelle je ne sais point d'exception. C'est
que le monologue est un moment de repos pour l'action,
et de trouble pour le personnage. Cela est vrai, même d'un
monologue qui commence une pièce. Donc tranquille, il est
195 contre la vérité selon laquelle l'homme ne se parle à lui-même
que dans des instants de perplexité. Long, il pèche contre la
nature de l'action dramatique qu'il suspend trop.

Je ne saurais supporter les caricatures, soit en beau, soit
en laid; car la bonté et la méchanceté peuvent être également
200 outrées; et quand nous sommes moins sensibles à l'un de ces
défauts qu'à l'autre, c'est un effet de notre vanité.

Sur la scène, on veut que les caractères soient uns. C'est
une fausseté palliée par la courte durée d'un drame : car combien de circonstances dans la vie où l'homme est distrait de
205 son caractère!

Le faible est l'opposé de l'outré. Pamphile me paraît faible
dans *l'Andrienne*. Dave l'a précipité dans des noces qu'il
abhorre. Sa maîtresse vient d'accoucher. Il a cent raisons
de mauvaise humeur. Cependant il prend tout assez douce-
210 ment. Il n'en est pas ainsi de son ami Charinus, ni du Clinia
de *l'Heautontimorumenos*. Celui-ci arrive de loin; et, tandis
qu'il se débotte, il ordonne à son Dave d'aller chercher sa
maîtresse. Il y a peu de galanterie dans ces mœurs; mais elles
sont bien d'une autre énergie que les nôtres, et d'une autre
215 ressource pour le poète. C'est la nature abandonnée à ses
mouvements effrénés. Nos petits propos madrigalisés auraient

--------- **QUESTIONS** ---------

36. Quelle était la règle classique qui présidait à la succession en scène
des personnages? Diderot la croit-il justifiée d'après ce passage? Au
nom de quoi? — Pensez-vous, avec l'auteur, qu'il est plus difficile de
dialoguer une pièce simple? Pourquoi? — Comparez ce que Diderot dit
du *Fils naturel* avec vos impressions de lecture.

bonne grâce dans la bouche d'un Clinia ou d'un Cherea!
Que nos rôles d'amants sont froids! **(37)**

[XVIII. Des mœurs.]

Ce que j'aime surtout de la scène ancienne, ce sont les
amants et les pères. Pour les Daves, ils me déplaisent; et je
suis convaincu qu'à moins qu'un sujet ne soit dans les mœurs
anciennes, ou malhonnête dans les nôtres, nous n'en rever-
5 rons plus.

Tout peuple a des préjugés à détruire, des vices à poursuivre, des ridicules à décrier, et a besoin de spectacles, mais
qui lui soient propres. Quel moyen, si le gouvernement en
sait user, et qu'il soit question de préparer le changement
10 d'une loi, ou l'abrogation d'un usage!

Attaquer les comédiens par leurs mœurs, c'est en vouloir
à tous les états.

Attaquer le spectacle par son abus, c'est s'élever contre
tout genre d'instruction publique; et ce qu'on a dit jusqu'à
15 présent là-dessus, appliqué à ce que les choses sont, ou ont
été, et non à ce qu'elles pourraient être, est sans justice et
sans vérité.

Un peuple n'est pas également propre à exceller dans tous
les genres de drame. La tragédie me semble plus du génie
20 républicain; et la comédie, gaie surtout, plus du caractère
monarchique.

Entre des hommes qui ne se doivent rien, la plaisanterie
sera dure. Il faut qu'elle frappe en haut pour devenir légère;
et c'est ce qui arrivera dans un État où les hommes sont dis-
25 tribués en différents ordres qu'on peut comparer à une haute
pyramide, où ceux qui sont à la base, chargés d'un poids
qui les écrase, sont forcés de garder du ménagement jusque
dans la plainte.

Un inconvénient trop commun, c'est que, par une véné-
30 ration ridicule pour certaines conditions, bientôt ce sont les

––––––––––– QUESTIONS –––––––––––

37. Sur l'ensemble du chapitre xvii. — Justifiez le titre général
de ce chapitre; montrez comment s'en diversifie l'application. Que peut-on
retenir de cet ensemble?
— Soulignez les idées originales contenues dans ce passage. Cherchez-en
les applications chez Diderot dramaturge; quelles suites ont-elles eues
dans l'histoire du théâtre français?

seules dont on peigne les mœurs; que l'utilité des spectacles
se restreint, et que peut-être même ils deviennent un canal
par lequel les travers des grands se répandent et passent aux
petits.

35   Chez un peuple esclave, tout se dégrade. Il faut s'avilir,
par le ton et par le geste, pour ôter à la vérité son poids et
son offense. Alors les poètes sont comme les fous à la cour
des rois : c'est du mépris qu'on fait d'eux, qu'ils tiennent
leur franc parler. Ou, si l'on aime mieux, ils ressemblent à
40 certains coupables qui, traînés devant nos tribunaux, ne s'en
retournent absous que parce qu'ils ont su contrefaire les
insensés.

    Nous avons des comédies. Les Anglais n'ont que des satires,
à la vérité pleines de force et de gaieté, mais sans mœurs et
45 sans goût. Les Italiens en sont réduits au drame burlesque. **(38)**

    En général, plus un peuple est civilisé, poli, moins ses mœurs
sont poétiques; tout s'affaiblit en s'adoucissant. Quand est-ce
que la nature prépare des modèles à l'art? C'est au temps
où les enfants s'arrachent les cheveux autour du lit d'un père
50 moribond; où une mère découvre son sein, et conjure son
fils par les mamelles qui l'ont allaité; où un ami se coupe la
chevelure, et la répand sur le cadavre de son ami; où c'est lui
qui le soutient par la tête et qui le porte sur un bûcher, qui
recueille sa cendre et qui la renferme dans une urne qu'il va,
55 en certains jours, arroser de ses pleurs; où les veuves éche-
velées se déchirent le visage de leurs ongles si la mort leur a
ravi un époux; où les chefs du peuple, dans les calamités
publiques, posent leur front humilié dans la poussière, ouvrent
leurs vêtements dans la douleur, et se frappent la poitrine;
60 où un père prend entre ses bras son fils nouveau-né, l'élève
vers le ciel, et fait sur lui sa prière aux dieux; où le premier
mouvement d'un enfant, s'il a quitté ses parents, et qu'il les
revoie après une longue absence, c'est d'embrasser leurs genoux,
et d'en attendre, prosterné, la bénédiction; où les repas sont
65 des sacrifices qui commencent et finissent par des coupes rem-
plies de vin, et versées sur la terre; où le peuple parle à ses

───────── **QUESTIONS** ─────────

38. Donnez un titre à ce passage; marquez les enchaînements d'idées.
Quel est le rôle des spectacles selon Diderot? En quoi le théâtre peut-il
être utile au gouvernement (expliquez le deuxième paragraphe)? Comment
se trouve ici posé le problème de la moralité du théâtre? — La distinction
entre tragédie et comédie selon les gouvernements : expliquez l'idée de
Diderot; discutez-la en prenant des exemples.

maîtres, et où ses maîtres l'entendent et lui répondent ; où l'on
voit un homme le front ceint de bandelettes devant un autel,
et une prêtresse qui étend les mains sur lui en invoquant le ciel
70 et en exécutant les cérémonies expiatoires et lustratives ; où des
pythies, écumantes par la présence d'un démon qui les tourmente, sont assises sur des trépieds, ont les yeux égarés, et
font mugir de leurs cris prophétiques le fond obscur des antres ;
où les dieux, altérés du sang humain, ne sont apaisés que par
75 son effusion ; où des bacchantes, armées de thyrses, s'égarent
dans les forêts et inspirent l'effroi au profane qui se rencontre
sur leur passage ; où d'autres femmes se dépouillent sans pudeur,
ouvrent leurs bras au premier qui se présente, et se prosti-
tuent, etc.
80   Je ne dis pas que ces mœurs sont bonnes, mais qu'elles sont
poétiques.

Qu'est-ce qu'il faut au poète ? Est-ce une nature brute ou
cultivée, paisible ou troublée ? Préférera-t-il la beauté d'un
jour pur et serein à l'horreur d'une nuit obscure, où le siffle-
85 ment interrompu des vents se mêle par intervalles au murmure
sourd et continu d'un tonnerre éloigné, et où il voit l'éclair
allumer le ciel sur sa tête ? Préférera-t-il le spectacle d'une mer
tranquille à celui des flots agités ? Le muet et froid aspect d'un
palais, à la promenade parmi des ruines ? Un édifice construit,
90 un espace planté de la main des hommes, au touffu d'une
antique forêt, au creux ignoré d'une roche déserte ? Des nappes
d'eau, des bassins, des cascades, à la vue d'une cataracte qui
se brise en tombant à travers des rochers, et dont le bruit se
fait entendre au loin du berger qui a conduit son troupeau
95 dans la montagne, et qui l'écoute avec effroi ?

La poésie veut quelque chose d'énorme, de barbare et de
sauvage.

C'est lorsque la fureur de la guerre civile ou du fanatisme
arme les hommes de poignards, et que le sang coule à grands
100 flots sur la terre, que le laurier d'Apollon s'agite et verdit.
Il en veut être arrosé. Il se flétrit dans les temps de la paix et
du loisir. Le siècle d'or eût produit une chanson peut-être
ou une élégie. La poésie épique et la poésie dramatique
demandent d'autres mœurs.

105   Quand verra-t-on naître des poètes ? Ce sera après les temps
de désastres et de grands malheurs ; lorsque les peuples haras-
sés commenceront à respirer. Alors les imaginations, ébranlées
par des spectacles terribles, peindront des choses inconnues à

ceux qui n'en ont pas été les témoins. N'avons-nous pas éprouvé,
110 dans quelques circonstances, une sorte de terreur qui nous était
étrangère? Pourquoi n'a-t-elle rien produit? N'avons-nous
plus de génie?

Le génie est de tous les temps; mais les hommes qui le
portent en eux demeurent engourdis, à moins que des évé-
115 nements extraordinaires n'échauffent la masse, et ne les fassent
paraître. Alors les sentiments s'accumulent dans la poitrine,
la travaillent; et ceux qui ont un organe, pressés de parler,
le déploient et se soulagent. (39)

Quelle sera donc la ressource d'un poète, chez un peuple
120 dont les mœurs sont faibles, petites et maniérées; où l'imitation rigoureuse des conversations ne formerait qu'un tissu
d'expressions fausses, insensées et basses; où il n'y a plus
ni franchise, ni bonhomie; où un père appelle son fils monsieur,
et où une mère appelle sa fille mademoiselle; où les cérémonies
125 publiques n'ont rien d'auguste; la conduite domestique, rien
de touchant et d'honnête; les actes solennels, rien de vrai?
Il tâchera de les embellir; il choisira les circonstances qui
prêtent le plus à son art; il négligera les autres, et il osera en
supposer quelques-unes.

130 Mais quelle finesse de goût ne lui faudra-t-il pas, pour sentir
jusqu'où les mœurs publiques et particulières peuvent être
embellies? S'il passe la mesure, il sera faux et romanesque.

Si les mœurs qu'il supposera[1] ont été autrefois, et que ce
temps ne soit pas éloigné; si un usage est passé, mais qu'il
135 en soit resté une expression métaphorique dans la langue;
si cette expression porte un caractère d'honnêteté; si elle marque
une piété antique, une simplicité qu'on regrette; si l'on y voit
les pères plus respectés, les mères plus honorées, les rois

---

1. *Supposer* : imaginer.

───────── **QUESTIONS** ─────────

39. De quoi parle Diderot ici? Montrez l'élargissement de son inspiration. Résumez en quelques mots la thèse qu'il soutient. Discutez-la
après avoir trouvé des exemples historiques qui l'illustrent. Quelle est
l'idée directrice du premier paragraphe : s'agit-il d'un certain état historique des mœurs ou d'une certaine intensité émotionnelle? En quoi
ces mœurs sont-elles « poétiques »? Comparez avec l'éclosion du mouvement romantique : circonstances, thèmes. — Montrez, dans les passages suivants, l'apparition de quelques thèmes romantiques. Quels types
de paysages se trouvent ici opposés? — Relevez la formule — célèbre —
qui résume l'idée générale. — D'après Diderot, quelles relations existent
entre production littéraire, génie et état des mœurs?

populaires; qu'il ose. Loin de lui reprocher d'avoir failli contre
140 la vérité, on supposera que ces vieilles et bonnes mœurs se sont
apparemment conservées dans cette famille. Qu'il s'interdise
seulement ce qui ne serait que dans les usages présents d'un
peuple voisin.

Mais admirez la bizarrerie des peuples policés. La délica-
145 tesse y est quelquefois poussée au point, qu'elle interdit à
leurs poètes l'emploi des circonstances mêmes qui sont dans
leurs mœurs, et qui ont de la simplicité, de la beauté et de
la vérité. Qui oserait, parmi nous, étendre de la paille sur la
scène, et y exposer un enfant nouveau-né? Si le poète y plaçait
150 un berceau, quelque étourdi du parterre ne manquerait pas
de contrefaire les cris de l'enfant; les loges et l'amphithéâtre
de rire, et la pièce de tomber. Ô peuple plaisant et léger!
quelles bornes vous donnez à l'art! quelle contrainte vous
imposez à vos artistes! et de quels plaisirs votre délicatesse
155 vous prive! A tout moment vous siffleriez sur la scène les seules
choses qui vous plairaient, qui vous toucheraient en peinture.
Malheur à l'homme né avec du génie, qui tentera quelque
spectacle qui est dans la nature, mais qui n'est pas dans vos
préjugés!

160 Térence a exposé l'enfant nouveau-né sur la scène[1]. Il a
fait plus. Il a fait entendre, du dedans de la maison, la plainte
de la femme dans les douleurs qui le mettent au monde[2].
Cela est beau, et cela ne vous plairait pas.

Il faut que le goût d'un peuple soit incertain; lorsqu'il
165 admettra, dans la nature, des choses dont il interdira l'imitation à ses artistes, ou lorsqu'il admirera dans l'art des effets
qu'il dédaignerait dans la nature. Nous dirions, d'une femme
qui ressemblerait à quelqu'une de ces statues qui enchantent
nos regards aux Tuileries, qu'elle a la tête jolie, mais le pied
170 gros, la jambe forte et point de taille. La femme, qui est belle
pour le sculpteur sur un sofa, est laide dans son atelier. Nous
sommes pleins de ces contradictions. **(40) (41)**

---

1. Allusion à *l'Andrienne*, IV, IV; 2. Dans *l'Hécyre*, III, scène première.

—————— **QUESTIONS** ——————

40. Qui Diderot vise-t-il dans cette dernière partie? Dans le premier
paragraphe? Montrez que l'art auquel il pense dans les paragraphes
suivants a un but avant tout moral. S'agit-il de la même chose que dans
le passage précédent? — Contre quoi s'élève Diderot, parlant des « bizarreries » du goût? — Sur quel ton la dernière phrase de ce chapitre vous
paraît-elle dite? — QUESTION **41,** voir page 97.

Mais, ce qui montre surtout combien nous sommes encore loin du bon goût et de la vérité, c'est la pauvreté et la fausseté des décorations, et le luxe des habits.

Vous exigez de votre poète qu'il s'assujettisse à l'unité
5 de lieu; et vous abandonnez la scène à l'ignorance d'un mauvais décorateur.

Voulez-vous rapprocher vos poètes du vrai, et dans la conduite de leurs pièces, et dans leur dialogue; vos acteurs, du jeu naturel et de la déclamation réelle? Élevez la voix,
10 demandez seulement qu'on vous montre le lieu de la scène tel qu'il doit être.

Si la nature et la vérité s'introduisent une fois sur vos théâtres dans la circonstance la plus légère, bientôt vous sentirez le ridicule et le dégoût se répandre sur tout ce qui fera contraste
15 avec elles.

Le système dramatique le plus mal entendu serait celui qu'on pourrait accuser d'être moitié vrai et moitié faux. C'est un mensonge maladroit, où certaines circonstances me décèlent l'impossibilité du reste. Je souffrirai plutôt le mélange des
20 disparates; il est du moins sans fausseté. Le défaut de Shakespeare n'est pas le plus grand dans lequel un poète puisse tomber. Il marque seulement peu de goût.

Que votre poète, lorsque vous aurez jugé son ouvrage digne de vous être représenté, envoie chercher le décorateur. Qu'il
25 lui dise son drame. Que le lieu de la scène, bien connu de celui-ci, il le rende tel qu'il est, et qu'il songe surtout que la peinture théâtrale doit être plus rigoureuse et plus vraie que tout autre genre de peinture.

La peinture théâtrale s'interdira beaucoup de choses, que
30 la peinture ordinaire se permet. Qu'un peintre d'atelier ait une cabane à représenter, il en appuiera le bâti contre une colonne brisée; et d'un chapiteau corinthien renversé, il en fera un siège à la porte. En effet, il n'est pas impossible qu'il y ait une chaumière, où il y avait auparavant un palais. Cette

─────────── QUESTIONS ───────────

41. SUR L'ENSEMBLE DU CHAPITRE XVIII. — Les thèmes abordés; leur enchaînement. Montrez que l'on déborde ici le cadre des problèmes du théâtre.
— Dans quelle mesure peut-on dire qu'une sensibilité nouvelle s'exprime ici? que Diderot annonce certains thèmes romantiques?

35 circonstance réveille en moi une idée accessoire qui me touche, en me retraçant l'instabilité des choses humaines. Mais dans la peinture théâtrale, il ne s'agit pas de cela. Point de distraction, point de supposition qui fasse dans mon âme un commencement d'impression autre que celle que le poète a intérêt 40 d'y exciter.

Deux poètes ne peuvent se montrer à la fois avec tous leurs avantages. Le talent subordonné sera en partie sacrifié au talent dominant. S'il allait seul, il représenterait une chose générale. Commandé par un autre, il n'a que la ressource 45 d'un cas particulier. Voyez quelle différence pour la chaleur et l'effet, entre les marines que Vernet a peintes d'idée, et celles qu'il a copiées[1]. Le peintre de théâtre est borné aux circonstances qui servent à l'illusion. Les accidents qui s'y opposeraient lui sont interdits. Il n'usera de ceux qui embel- 50 liraient sans nuire, qu'avec sobriété. Ils auront toujours l'inconvénient de distraire.

Voilà les raisons pour lesquelles la plus belle décoration de théâtre ne sera jamais qu'un tableau du second ordre.

Dans le genre lyrique, le poème est fait pour le musicien, 55 comme la décoration l'est pour le poète : ainsi le poème ne sera point aussi parfait, que si le poète eût été libre.

Avez-vous un salon à représenter? Que ce soit celui d'un homme de goût. Point de magots; peu de dorure; des meubles simples : à moins que le sujet n'exige expressément le 60 contraire. **(42)**

[XX. Des vêtements.]

Le faste gâte tout. Le spectacle de la richesse n'est pas beau. La richesse a trop de caprices; elle peut éblouir l'œil,

---

1. Joseph *Vernet* (1714-1789), peintre de marines, se rendit célèbre aux Salons de 1755 et 1757 par sa série des *Ports de France*, peints d'après nature. Diderot leur oppose ici d'autres compositions plus tourmentées (naufrages, orages, etc.) peintes d'imagination.

QUESTIONS
---

42. Sur le chapitre xix. — Résumez l'idée essentielle de Diderot. Que cherche-t-il surtout dans les décors? Que proscrit-il et pourquoi? Appréciez la justesse de son point de vue.

— Quelle était l'attitude des classiques devant ce problème? Quelle exigence de ceux-ci Diderot conserve-t-il? En quoi ce problème est-il à l'ordre du jour au xviiie siècle.

— Comparez *le Fils naturel* avec la théorie telle qu'elle est énoncée ici.

mais non toucher l'âme. Sous un vêtement surchargé de dorure, je ne vois jamais qu'un homme riche, et c'est un homme
5 que je cherche. Celui qui est frappé des diamants qui déparent une belle femme n'est pas digne de voir une belle femme.

La comédie veut être jouée en déshabillé. Il ne faut être sur la scène ni plus apprêté ni plus négligé que chez soi.

Si c'est pour le spectateur que vous vous ruinez en habits,
10 acteurs, vous n'avez point de goût; et vous oubliez que le spectateur n'est rien pour vous.

Plus les genres sont sérieux, plus il faut de sévérité dans les vêtements.

Quelle vraisemblance, qu'au moment d'une action tumul-
15 tueuse, des hommes aient eu le temps de se parer comme dans un jour de représentation ou de fête?

Dans quelles dépenses nos comédiens ne se sont-ils pas jetés pour la représentation de *l'Orphelin de la Chine*[1]? Combien ne leur en a-t-il pas coûté, pour ôter à cet ouvrage une
20 partie de son effet? En vérité, il n'y a que des enfants, comme on en voit s'arrêter ébahis dans nos rues lorsqu'elles sont bigarrées de tapisseries, à qui le luxe des vêtements de théâtre puisse plaire. Ô Athéniens, vous êtes des enfants!

De belles draperies simples, d'une couleur sévère, voilà ce
25 qu'il fallait, et non tout votre clinquant et toute votre broderie. Interrogez encore la peinture là-dessus. Y a-t-il parmi nous un artiste assez Goth[2], pour vous montrer sur la toile, aussi maussades et aussi brillants que nous vous avons vus sur la scène?
30 Acteurs, si vous voulez apprendre à vous habiller; si vous voulez perdre le faux goût du faste, et vous rapprocher de la simplicité qui conviendrait si fort aux grands effets, à votre fortune et à vos mœurs; fréquentez nos galeries.

S'il venait jamais en fantaisie d'essayer *le Père de famille*
35 au théâtre, je crois que ce personnage ne pourrait être vêtu trop simplement. Il ne faudrait à Cécile que le déshabillé d'une fille opulente. J'accorderais, si l'on veut, au Commandeur, un galon d'or uni, avec la canne à bec de corbin. S'il changeait d'habit, entre le premier acte et le second, je n'en
40 serais pas fort étonné de la part d'un homme aussi capricieux.

---

1. *L'Orphelin de la Chine*, tragédie de Voltaire, fut représenté pour la première fois le 20 août 1755. Les acteurs abandonnèrent le costume français traditionnel pour des vêtements plus proches du costume oriental, luxueux; 2. *Goth :* barbare.

Mais tout est gâté, si Sophie n'est pas en siamoise[1], et madame Hébert comme une femme du peuple aux jours de dimanche. Saint-Albin est le seul à qui son âge et son état me feront passer, au second acte, de l'élégance et du luxe.
45 Il ne lui faut, au premier, qu'une redingote de peluche sur une veste d'étoffe grossière.

Le public ne sait pas toujours désirer le vrai. Quand il est dans le faux, il peut y rester des siècles entiers; mais il est sensible aux choses naturelles; et lorsqu'il en a reçu l'im-
50 pression, il ne la perd jamais entièrement.

Une actrice[2] courageuse vient de se défaire du panier[3], et personne ne l'a trouvé mauvais. Elle ira plus loin, j'en réponds. Ah! si elle osait un jour se montrer sur la scène avec toute la noblesse et la simplicité d'ajustement que ses rôles demandent!
55 disons plus, dans le désordre où doit jeter un événement aussi terrible que la mort d'un époux, la perte d'un fils et les autres catastrophes de la scène tragique, que deviendraient, autour d'une femme échevelée, toutes ces poupées poudrées, frisées, pomponnées? Il faudrait bien que tôt ou tard elles se missent
60 à l'unisson. La nature, la nature! on ne lui résiste pas. Il faut ou la chasser, ou lui obéir.

Ô Clairon, c'est à vous que je reviens! Ne souffrez pas que l'usage et le préjugé vous subjuguent. Livrez-vous à votre goût et à votre génie; montrez-nous la nature et la vérité :
65 c'est le devoir de ceux que nous aimons, et dont les talents nous ont disposés à recevoir tout ce qu'il leur plaira d'oser. **(43)**

[XXI. DE LA PANTOMIME.]

Un paradoxe dont peu de personnes sentiront le vrai, et qui révoltera les autres (mais que vous importe à vous et à

---

1. *Siamoise :* robe assez pauvre faite d'un mélange de coton et de soie; 2. Il s'agit de Mlle Clairon (1723-1803), actrice célèbre, interprète de Voltaire notamment; 3. La robe à *panier*, symbole du costume français féminin dans le théâtre du temps. Allusion à la première de *l'Orphelin de la Chine.*

QUESTIONS

43. SUR LE CHAPITRE XX. — Quelles sont les exigences de Diderot? A-t-il raison ou tort, à votre avis? Pourquoi lutte-t-il plus contre le luxe des costumes que contre le costume traditionnel?
— Rapprochez ses idées sur les costumes de celles qu'il a exposées au chapitre précédent sur les décors. Quelle importance et quelle responsabilité le public a-t-il dans les usages vestimentaires du théâtre?

moi? premièrement dire la vérité, voilà notre devise), c'est que, dans les pièces italiennes, nos comédiens italiens jouent
5 avec plus de liberté que nos comédiens français; ils font moins de cas du spectateur. Il y a cent moments où il en est tout à fait oublié. On trouve, dans leur action, je ne sais quoi d'original et d'aisé, qui me plaît et qui plairait à tout le monde, sans les insipides discours et l'intrigue absurde qui le défi-
10 gurent. A travers leur folie, je vois des gens en gaieté qui cherchent à s'amuser, et qui s'abandonnent à toute la fougue de leur imagination; et j'aime mieux cette ivresse que le raide, le pesant et l'empesé.

« Mais ils improvisent : le rôle qu'ils font ne leur a point
15 été dicté. »

Je m'en aperçois bien.

« Et si vous voulez les voir aussi mesurés, aussi compassés et plus froids que d'autres, donnez-leur une pièce écrite. »

J'avoue qu'ils ne sont plus eux : mais qui les en empêche?
20 Les choses qu'ils ont apprises ne leur sont-elles pas aussi intimes, à la quatrième représentation, que s'ils les avaient imaginées?

« Non. L'impromptu a un caractère que la chose préparée ne prendra jamais. »

25 Je le veux[1]. Néanmoins, ce qui surtout les symétrise, les empèse et les engourdit, c'est qu'ils jouent d'imitation; qu'ils ont un autre théâtre et d'autres acteurs en vue. Que font-ils donc? Ils s'arrangent en rond; ils arrivent à pas comptés et mesurés; ils quêtent des applaudissements, ils sortent de
30 l'action; ils s'adressent au parterre; ils lui parlent, et ils deviennent maussades et faux.

Une observation que j'ai faite, c'est que nos insipides personnages subalternes demeurent plus communément dans leur humble rôle, que les principaux personnages. La raison, ce
35 me semble, c'est qu'ils sont contenus par la présence d'un autre qui les commande : c'est à cet autre qu'ils s'adressent; c'est là que toute leur action est tournée. Et tout irait assez bien, si la chose en imposait aux premiers rôles, comme la dépendance en impose aux rôles subalternes.

40 Il y a bien de la pédanterie dans notre poétique; il y en a

---

1. *Je le veux* bien.

beaucoup dans nos compositions dramatiques : comment n'y
en aurait-il pas dans la représentation? **(44)**

Cette pédanterie, qui est partout ailleurs si contraire au
caractère facile de la nation, arrêtera longtemps encore les
45 progrès de la pantomime, partie si importante de l'art dramatique.

J'ai dit que la pantomime est une portion du drame; que
l'auteur s'en doit occuper sérieusement; que si elle ne lui est
pas familière et présente, il ne saura ni commencer, ni conduire,
50 ni terminer sa scène avec quelque vérité; et que le geste doit
s'écrire souvent à la place du discours.

J'ajoute qu'il y a des scènes entières où il est infiniment
plus naturel aux personnages de se mouvoir que de parler;
et je vais le prouver.

55 Il n'y a rien de ce qui se passe dans le monde, qui ne puisse
avoir lieu sur la scène. Je suppose donc que deux hommes,
incertains s'ils ont à être mécontents ou satisfaits l'un de
l'autre, en attendent un troisième qui les instruise : que diront-ils
jusqu'à ce que ce troisième soit arrivé? Rien. Ils iront, ils
60 viendront, ils montreront de l'impatience; mais ils se tairont.
Ils n'auront garde de se tenir des propos dont ils pourraient
avoir à se repentir. Voilà le cas d'une scène toute ou presque
toute pantomime : et combien n'y en a-t-il pas d'autres?

Pamphile se trouve sur la scène avec Chrémès et Simon[1].
65 Chrémès prend tout ce que son fils lui dit pour les impos-
tures d'un jeune libertin qui a des sottises à excuser. Son
fils lui demande à produire un témoin. Chrémès, pressé par
son fils et par Simon, consent à écouter ce témoin. Pamphile
va le chercher, Simon et Chrémès restent. Je demande ce
70 qu'ils font pendant que Pamphile est chez Glycérion, qu'il
parle à Criton, qu'il l'instruit, qu'il lui explique ce qu'il en
attend, et qu'il le détermine à venir et à parler à Chrémès son
père? Il faut, ou les supposer immobiles et muets, ou imaginer que Simon continue d'entretenir Chrémès; que Chré-
75 mès, la tête baissée et le menton appuyé sur sa main, l'écoute

---

1. Allusion à Térence, *l'Andrienne*, IV, III.

44. Quel grief formule Diderot à l'encontre des comédiens? A quoi
tient ce défaut? Est-il propre aux comédiens du XVIIIe siècle? Comment
le théâtre actuel cherche-t-il à éviter cet écueil?

tantôt avec patience, tantôt avec colère; et qu'il se passe entre eux une scène toute pantomime.

Mais cet exemple n'est pas le seul qu'il y ait dans ce poète. Que fait ailleurs un des vieillards sur la scène, tandis que
80 l'autre va dire à son fils que son père sait tout, le déshérite, et donne son bien à sa fille[1]?

Si Térence avait eu l'intention d'écrire la pantomime, nous n'aurions là-dessus aucune incertitude. Mais qu'importe qu'il l'ait écrite ou non, puisqu'il faut si peu de sens pour la sup-
85 poser ici? Il n'en est pas toujours de même. Qui est-ce qui l'eût imaginée dans *l'Avare?* Harpagon est alternativement triste et gai, selon que Frosine lui parle de son indigence ou de la tendresse de Marianne[2]. Là, le dialogue est institué entre le discours et le geste.

90 Il faut écrire la pantomime toutes les fois qu'elle fait tableau; qu'elle donne de l'énergie ou de la clarté au discours; qu'elle lie le dialogue; qu'elle caractérise; qu'elle consiste dans un jeu délicat qui ne se devine pas; qu'elle tient lieu de réponse, et presque toujours au commencement des scènes.

95 Elle est tellement essentielle, que de deux pièces composées, l'une eu égard à la pantomime, et l'autre sans cela, la facture sera si diverse, que celle où la pantomime aura été considérée comme partie du drame, ne se jouera pas sans pantomime; et que celle où la pantomime aura été négligée, ne se pourra
100 pantomimer. On ne l'ôtera point dans la représentation au poème qui l'aura, et on ne la donnera point au poème qui ne l'aura pas. C'est elle qui fixera la longueur des scènes, et qui colorera tout le drame.

Molière n'a pas dédaigné de l'écrire, c'est tout dire.
105 Mais quand Molière ne l'eût pas écrite, un autre aurait-il eu tort d'y penser? Ô critiques, cervelles étroites, hommes de peu de sens, jusqu'à quand ne jugerez-vous rien en soi-même, et n'approuverez ou ne désapprouverez-vous que d'après ce qui est!

110 Combien d'endroits où Plaute, Aristophane et Térence ont embarrassé les plus habiles interprètes, pour n'avoir pas indiqué le mouvement de la scène! Térence commence ainsi *les Adelphes :* « Storax... Eschinus n'est pas rentré cette nuit. » Qu'est-ce que cela signifie? Micion parle-t-il à Storax? Non.
115 Il n'y a point de Storax sur la scène dans ce moment; ce

---

1. *Heautontimorumenos*, V, scènes première et II; 2. Molière, *l'Avare*, II, V.

« Harpagon est alternativement triste et gai... Là, le dialogue est institué entre le discours et le geste... Il faut écrire la pantomime toutes les fois qu'elle fait tableau... Molière n'a pas dédaigné de l'écrire, c'est tout dire. » (Page 103, lignes 86-104.)

J.-B. Fauchard de Grandmesnil (1737-1816) dans le rôle d'Harpagon.
Bibliothèque de l'Arsenal.

personnage n'est pas même de la pièce. Qu'est-ce donc que cela
signifie? Le voici. Storax est un des valets d'Eschinus. Micion
l'appelle; et Storax ne répondant point, il en conclut qu'Eschinus
n'est pas rentré. Un mot de pantomime aurait éclairci cet endroit.
120 C'est la peinture des mouvements qui charme, surtout dans
les romans domestiques. Voyez avec quelle complaisance l'auteur[1] de *Paméla*, de *Grandisson* et de *Clarisse* s'y arrête! Voyez
quelle force, quel sens, et quel pathétique elle donne à son
discours! Je vois le personnage; soit qu'il parle, soit qu'il se
125 taise, je le vois; et son action m'affecte plus que ses paroles. **(45)**
    Si un poète a mis sur la scène Oreste et Pylade, se dispu-
tant la mort, et qu'il ait réservé pour ce moment l'approche
des Euménides, dans quel effroi ne me jettera-t-il pas, si les
idées d'Oreste se troublent peu à peu, à mesure qu'il raisonne
130 avec son ami; si ses yeux s'égarent, s'il cherche autour de
lui, s'il s'arrête, s'il continue de parler, s'il s'arrête encore,
si le désordre de son action et de son discours s'accroît; si
les Furies s'emparent de lui et le tourmentent; s'il succombe
sous la violence du tourment; s'il en est renversé par terre,
135 si Pylade le relève, l'appuie, et lui essuie de sa main le visage
et la bouche; si le malheureux fils de Clytemnestre reste un
moment dans un état d'agonie et de mort; si, entrouvrant
ensuite les paupières, et semblable à un homme qui revient
d'une léthargie profonde, sentant les bras de son ami qui le
140 soutiennent et qui le pressent, il lui dit, en penchant la tête
de son côté, et d'une voix éteinte : « Pylade, est-ce à toi de
mourir? » quel effet cette pantomime ne produira-t-elle pas?
Y a-t-il quelque discours au monde qui m'affecte autant que
l'action de Pylade relevant Oreste abattu, et lui essuyant de
145 sa main le visage et la bouche? Séparez ici la pantomime du
discours, et vous tuerez l'un et l'autre[2]. Le poète qui aura
imaginé cette scène aura surtout montré du génie, en réser-
vant, pour ce moment, les fureurs d'Oreste. L'argument
qu'Oreste tire de sa situation est sans réponse.

---

1. Richardson; 2. Diderot utilise ici un passage de l'*Iphigénie en Tauride* d'Euripide (2ᵉ épisode, vers 674-724).

─────── **QUESTIONS** ───────

45. Que signifie le terme de *pantomime*? Quel rôle Diderot assigne-t-il
à cet aspect du jeu théâtral? Cette place vous paraît-elle justifiée? Quels
en sont les dangers? Diderot les voit-il? Valeur démonstrative de ses
exemples. Intérêt de la notion de « tableau » (lignes 90-94).

150   Mais il me prend envie de vous esquisser les derniers instants de la vie de Socrate. C'est une suite de tableaux, qui
prouveront plus en faveur de la pantomime que tout ce que
je pourrais ajouter. Je me conformerai presque entièrement
à l'histoire. Quel canevas pour un poète!

155   Ses disciples n'en avaient point la pitié qu'on éprouve auprès
d'un ami qu'on assiste au lit de la mort. Cet homme leur
paraissait heureux; s'ils étaient touchés, c'était d'un sentiment extraordinaire mêlé de la douceur qui naissait de ses
discours, et de la peine qui naissait de la pensée qu'ils allaient
160 le perdre.

    Lorsqu'ils entrèrent, on venait de le délier. Xantippe était
assise auprès de lui, tenant un de ses enfants entre ses bras.

    Le philosophe dit peu de choses à sa femme; mais, combien
de choses touchantes un homme sage, qui ne fait aucun cas
165 de la vie, n'aurait-il pas à dire sur son enfant?

    Les philosophes entrèrent. A peine Xantippe les aperçut-
elle, qu'elle se mit à désespérer et à crier, comme c'est la coutume des femmes en ces occasions : « Socrate, vos amis vous
parlent aujourd'hui pour la dernière fois; c'est pour la der-
170 nière fois que vous embrassez votre femme, et que vous voyez
votre enfant. »

    Socrate, se tournant du côté de Criton, lui dit : « Mon ami,
faites conduire cette femme chez elle. » Et cela s'exécuta.

    On entraîne Xantippe; mais elle s'élance du côté de Socrate,
175 lui tend les bras, l'appelle, se meurtrit le visage de ses mains,
et remplit la prison de ses cris.

    Cependant Socrate dit encore un mot sur l'enfant qu'on
emporte.

    Alors, le philosophe prenant un visage serein, s'assied sur
180 son lit, et pliant la jambe d'où l'on avait ôté la chaîne, et la
frottant doucement, il dit :

    « Que le plaisir et la peine se touchent de près! Si Ésope
y avait pensé, la belle fable qu'il en aurait faite!... Les Athéniens ont ordonné que je m'en aille, et je m'en vais... Dites
185 à Événus qu'il me suivra, s'il est sage. »

    Ce mot engage la scène sur l'immortalité de l'âme.

    Tentera cette scène qui l'osera; pour moi, je me hâte vers
mon objet. Si vous avez vu expirer un père au milieu de ses
enfants, telle fut la fin de Socrate au milieu des philosophes
190 qui l'environnaient.

Lorsqu'il eut achevé de parler, il se fit un moment de silence, et Criton lui dit : « Qu'avez-vous à nous ordonner?

SOCRATE

De vous rendre semblables aux dieux, autant qu'il vous sera possible, et de leur abandonner le soin du reste.

CRITON

195 Après votre mort, comment voulez-vous qu'on dispose de vous?

SOCRATE

Criton, tout comme il vous plaira, si vous me retrouvez. » Puis regardant les philosophes en souriant, il ajouta :
« J'aurai beau faire, je ne persuaderai jamais à notre ami
200 de distinguer Socrate de sa dépouille. »
Le satellite des Onze entra dans ce moment, et s'approcha de lui sans parler. Socrate lui dit : « Que voulez-vous?

LE SATELLITE

Vous avertir de la part des magistrats...

SOCRATE

Qu'il est temps de mourir. Mon ami, apportez le poison,
205 s'il est broyé, et soyez le bienvenu.

LE SATELLITE, *en se détournant et pleurant.*

Les autres me maudissent; celui-ci me bénit.

CRITON

Le soleil luit encore sur les montagnes.

SOCRATE

Ceux qui diffèrent croient tout perdre à cesser de vivre; et moi, je crois y gagner. »
210 Alors, l'esclave qui portait la coupe entra. Socrate la reçut, et lui dit : « Homme de bien, que faut-il que je fasse; car vous savez cela?

L'ESCLAVE

Boire, et vous promener jusqu'à ce que vous sentiez vos jambes s'appesantir.

SOCRATE

215 Ne pourrait-on pas en répandre une goutte en action de grâces aux dieux?

L'ESCLAVE

Nous n'en avons broyé que ce qu'il faut.

SOCRATE

Il suffit... Nous pourrons du moins leur adresser une prière. »

Et tenant la coupe d'une main, et tournant ses regards vers
220 le ciel, il dit :

« Ô dieux qui m'appelez, daignez m'accorder un heureux
voyage! »

Après il garda le silence, et but.

Jusque-là, ses amis avaient eu la force de contenir leur
225 douleur; mais lorsqu'il approcha la coupe de ses lèvres, ils
n'en furent plus les maîtres.

Les uns s'enveloppèrent dans leur manteau. Criton s'était
levé, et il errait dans la prison en poussant des cris. D'autres,
immobiles et droits, regardaient Socrate dans un morne silence,
230 et des larmes coulaient le long de leurs joues. Apollodore s'était
assis sur les pieds du lit, le dos tourné à Socrate, et la bouche
penchée sur ses mains, il étouffait ses sanglots.

Cependant, Socrate se promenait, comme l'esclave le lui
avait enjoint; et, en se promenant, il s'adressait à chacun
235 d'eux, et les consolait.

Il disait à celui-ci : « Où est la fermeté, la philosophie, la
vertu?... » A celui-là : « C'est pour cela que j'avais éloigné
les femmes... » A tous : « Eh bien! Anyte et Mélite auront
donc pu me faire du mal!... Mes amis, nous nous reverrons...
240 Si vous vous affligez ainsi, vous n'en croyez rien. »

Cependant ses jambes s'appesantirent, et il se coucha sur
son lit. Alors il recommanda sa mémoire à ses amis, et leur
dit, d'une voix qui s'affaiblissait : « Dans un moment, je ne
serai plus... C'est par vous qu'ils me jugeront... Ne reprochez
245 ma mort aux Athéniens que par la sainteté de votre vie. »

Ses amis voulurent lui répondre; mais ils ne le purent :
ils se mirent à pleurer, et se turent.

L'esclave qui était au bas de son lit lui prit les pieds et
les lui serra; et Socrate, qui le regardait, lui dit :
250 « Je ne les sens plus. »

Un instant après, il lui prit les jambes et les lui serra; et
Socrate, qui le regardait, lui dit :

« Je ne les sens plus. »

Alors ses yeux commencèrent à s'éteindre, ses lèvres et
255 ses narines à se retirer, ses membres à s'affaisser, et l'ombre
de la mort à se répandre sur toute sa personne. Sa respiration
s'embarrassait, et on l'entendait à peine. Il dit à Criton qui
était derrière lui :

« Criton, soulevez-moi un peu. »

260 Criton le souleva. Ses yeux se ranimèrent, et prenant un visage serein, et portant son action vers le ciel, il dit :

« Je suis entre la terre et l'Élysée. »

Un moment après, ses yeux se couvrirent; et il dit à ses amis :

265 « Je ne vous vois plus... Parlez-moi... N'est-ce pas là la main d'Apollodore? »

On lui répondit que oui; et il la serra.

Alors il eut un mouvement convulsif, dont il revint avec un profond soupir; et il appela Criton. Criton se baissa :
270 Socrate lui dit, et ce furent ses dernières paroles :

« Criton... sacrifiez au dieu de la santé... Je guéris. »

Cébès, qui était vis-à-vis de Socrate, reçut ses derniers regards, qui demeurèrent attachés sur lui; et Criton lui ferma la bouche et les yeux.

275 Voilà les circonstances qu'il faut employer. Disposez-en comme il vous plaira; mais conservez-les. Tout ce que vous mettriez à la place sera faux et de nul effet. Peu de discours et beaucoup de mouvement. **(46)**

Si le spectateur est au théâtre comme devant une toile, où
280 des tableaux divers se succéderaient par enchantement, pourquoi le philosophe qui s'assied sur les pieds du lit de Socrate, et qui craint de le voir mourir, ne serait-il pas aussi pathétique sur la scène, que la femme et la fille d'Eudamidas dans le tableau du Poussin[1]?

285 Appliquez les lois de la composition pittoresque à la pantomime, et vous verrez que ce sont les mêmes.

Dans une action réelle, à laquelle plusieurs personnes concourent, toutes se disposeront d'elles-mêmes de la manière la plus vraie; mais cette manière n'est pas toujours la plus
290 avantageuse pour celui qui peint, ni la plus frappante pour celui qui regarde. De là, la nécessité pour le peintre d'altérer l'état naturel et de le réduire à un état artificiel : et n'en sera-t-il pas de même sur la scène?

---

1. Tableau intitulé *le Testament d'Eudamidas*.

——— **QUESTIONS** ———————————

46. Analysez les deux exemples proposés par Diderot : quelle est la part de la pantomime, et qu'elle est celle du dialogue dans chacun d'eux? La mimique est-elle exactement du même type? Quelle vous paraît être la scène la mieux réussie? Que peut-on reprocher à l'autre?

Si cela est, quel art que celui de la déclamation! Lorsque
295 chacun est maître de son rôle, il n'y a presque rien de fait. Il
faut mettre les figures ensemble, les rapprocher ou les disperser, les isoler ou les grouper, et en tirer une succession de
tableaux, tous composés d'une manière grande et vraie.

De quel secours le peintre ne serait-il pas à l'acteur, et
300 l'acteur au peintre? Ce serait un moyen de perfectionner
deux talents importants. Mais je jette ces vues pour ma satisfaction particulière et la vôtre. Je ne pense pas que nous aimions
jamais assez les spectacles pour en venir là.

Une des principales différences du roman domestique et
305 du drame, c'est que le roman suit le geste et la pantomime
dans tous leurs détails; que l'auteur s'attache principalement
à peindre et les mouvements et les impressions : au lieu que
le poète dramatique n'en jette qu'un mot en passant.

« Mais ce mot coupe le dialogue, le ralentit et le trouble. »
310 Oui, quand il est mal placé ou mal choisi.

J'avoue cependant que, si la pantomime était portée sur la
scène à un haut point de perfection, on pourrait souvent se
dispenser de l'écrire : et c'est la raison peut-être pour laquelle
les Anciens ne l'ont pas fait. Mais, parmi nous, comment le
315 lecteur, je parle même de celui qui a quelque habitude du
théâtre, la suppléera-t-il en lisant, puisqu'il ne la voit jamais
dans le jeu? Serait-il plus acteur qu'un comédien par état?

La pantomime serait établie sur nos théâtres, qu'un poète,
qui ne fait pas représenter ses pièces, sera froid et quelquefois
320 inintelligible, s'il n'écrit pas le jeu. N'est-ce pas pour un lecteur
un surcroît de plaisir, que de connaître le jeu, tel que le poète
l'a conçu? Et, accoutumés comme nous le sommes, à une
déclamation maniérée, symétrisée et si éloignée de la vérité,
y a-t-il beaucoup de personnes qui puissent s'en passer?
325 La pantomime est le tableau qui existait dans l'imagination
du poète, lorsqu'il écrivait; et qu'il voudrait que la scène mon-
trât à chaque instant lorsqu'on le joue. C'est la manière la
plus simple d'apprendre au public ce qu'il est en droit d'exiger
de ses comédiens. Le poète vous dit : Comparez ce jeu avec
330 celui de vos acteurs; et jugez.

Au reste, quand j'écris la pantomime, c'est comme si je
m'adressais en ces mots au comédien : C'est ainsi que je
déclame, voilà les choses comme elles se passaient dans mon
imagination, lorsque je composais. Mais je ne suis ni assez
335 vain pour croire qu'on ne puisse pas mieux déclamer que

moi, ni assez imbécile pour réduire un homme de génie à
l'état machinal.

On propose un sujet à peindre à plusieurs artistes; chacun
le médite et l'exécute à sa manière, et il sort de leurs ateliers
340 autant de tableaux différents. Mais on remarque à tous quelques
beautés particulières.

Je dis plus. Parcourez nos galeries, et faites-vous montrer
les morceaux où l'amateur a prétendu commander à l'artiste,
et disposer de ses figures. Sur le grand nombre, à peine en
345 trouverez-vous deux ou trois où les idées de l'un se soient
tellement accordées avec le talent de l'autre, que l'ouvrage
n'en ait pas souffert.

Acteurs, jouissez donc de vos droits; faites ce que le moment
et votre talent vous inspireront. Si vous êtes de chair, si vous
350 avez des entrailles, tout ira bien, sans que je m'en mêle; et
j'aurai beau m'en mêler, tout ira mal, si vous êtes de marbre
ou de bois.

Qu'un poète ait ou n'ait pas écrit la pantomime, je recon-
naîtrai, du premier coup, s'il a composé ou non d'après elle.
355 La conduite de sa pièce ne sera pas la même; les scènes auront
un tout autre tour; son dialogue s'en ressentira. Si c'est l'art
d'imaginer des tableaux, doit-on le supposer à tout le monde;
et tous nos poètes dramatiques l'ont-ils possédé?

Une expérience à faire, ce serait de composer un ouvrage
360 dramatique, et de proposer ensuite d'en écrire la pantomime
à ceux qui traitent ce soin de superflu. Combien ils y feraient
d'inepties?

Il est facile de critiquer juste; et difficile d'exécuter médiocrement. Serait-il donc si déraisonnable d'exiger que, par
365 quelque ouvrage d'importance, nos juges montrassent qu'ils
en savent du moins autant que nous? **(47)**

──────── **QUESTIONS** ────────

47. Sur l'ensemble du chapitre xxi. — Quelle importance Diderot
attache-t-il à la pantomime? Recherchez dans ce texte (chapitre iv) un autre
passage où il en est question déjà. Reportez-vous aux *Entretiens sur « le Fils
naturel »* également. Justifiez du point de vue dramatique cette place donnée.
— Dans quelle mesure y a-t-il harmonie entre le tempérament et les
goûts de Diderot et ce besoin de la pantomime? En reprenant le texte
du *Neveu de Rameau*, montrez que cette manifestation y tient une place
importante aussi. Un peintre célèbre de l'époque, cher à Diderot, ne
composa-t-il pas des tableaux dans cet esprit?
— Quels avantages présente la pantomime? Utilisez *le Fils naturel*
et la scène première de l'acte II du *Père de famille.*

[XXII. Des auteurs et des critiques.]

Les voyageurs parlent d'une espèce d'hommes sauvages, qui soufflent au passant des aiguilles empoisonnées. C'est l'image de nos critiques.

Cette comparaison vous paraît-elle outrée? Convenez du
5 moins qu'ils ressemblent assez à un solitaire qui vivait au fond d'une vallée que des collines environnaient de toutes parts. Cet espace borné était l'univers pour lui. En tournant sur un pied, et parcourant d'un coup d'œil son étroit horizon, il s'écriait : Je sais tout; j'ai tout vu. Mais tenté un jour de
10 se mettre en marche, et d'approcher de quelques objets qui se dérobaient à sa vue, il grimpe au sommet d'une de ces collines. Quel ne fut pas son étonnement, lorsqu'il vit un espace immense se développer au-dessus de sa tête et devant lui? Alors, changeant de discours, il dit : Je ne sais rien; je n'ai
15 rien vu.

J'ai dit que nos critiques ressemblaient à cet homme; je me suis trompé, ils restent au fond de leur cahute, et ne perdent jamais la haute opinion qu'ils ont d'eux.

Le rôle d'un auteur est un rôle assez vain; c'est celui d'un
20 homme qui se croit en état de donner des leçons au public. Et le rôle du critique? Il est bien plus vain encore; c'est celui d'un homme qui se croit en état de donner des leçons à celui qui se croit en état d'en donner au public.

L'auteur dit : Messieurs, écoutez-moi; car je suis votre
25 maître. Et le critique : C'est moi, messieurs, qu'il faut écouter; car je suis le maître de vos maîtres.

Pour le public, il prend son parti. Si l'ouvrage de l'auteur est mauvais, il s'en moque, ainsi que des observations du critique, si elles sont fausses.

30 Le critique s'écrie après cela : Ô temps! Ô mœurs! Le goût est perdu! et le voilà consolé.

L'auteur, de son côté, accuse les spectateurs, les acteurs et la cabale. Il en appelle à ses amis; il leur a lu sa pièce, avant que de la donner au théâtre : elle devait aller aux nues. Mais
35 vos amis aveuglés ou pusillanimes n'ont pas osé vous dire qu'elle était sans conduite, sans caractères et sans style; et croyez-moi, le public ne se trompe guère. Votre pièce est tombée, parce qu'elle est mauvaise.

« Mais *le Misanthrope* n'a-t-il pas chancelé? »

40 Il est vrai. Ô qu'il est doux, après un malheur, d'avoir pour soi cet exemple! Si je monte jamais sur la scène, et que j'en sois chassé par les sifflets, je compte bien me le rappeler aussi.

La critique en use bien diversement avec les vivants et les morts. Un auteur est-il mort? Elle s'occupe à relever ses qua-
45 lités, et à pallier ses défauts. Est-il vivant? C'est le contraire; ce sont ses défauts qu'elle relève, et ses qualités qu'elle oublie. Et il y a quelque raison à cela : on peut corriger les vivants; et les morts sont sans ressource.

Cependant, le censeur le plus sévère d'un ouvrage, c'est
50 l'auteur. Combien il se donne de peines pour lui seul! C'est lui qui connaît le vice secret; et ce n'est presque jamais là, que le critique pose le doigt. Cela m'a souvent rappelé le mot d'un philosophe : « Ils disent du mal de moi? Ah! s'ils me connaissaient, comme je me connais[1]!... »
55 Les auteurs et les critiques anciens commençaient par s'ins-truire; ils n'entraient dans la carrière des lettres qu'au sortir des écoles de la philosophie. Combien de temps l'auteur n'avait-il pas gardé son ouvrage avant de l'exposer au public? De là cette correction, qui ne peut être que l'effet
60 des conseils, de la lime et du temps. **(48)**

Nous nous pressons trop de paraître; et nous n'étions peut-être ni assez éclairés, ni assez gens de bien, quand nous avons pris la plume.

Si le système moral est corrompu, il faut que le goût soit
65 faux.

La vérité et la vertu sont les amies des beaux-arts. Voulez-vous être auteur? voulez-vous être critique? commencez par être homme de bien. Qu'attendre de celui qui ne peut s'affecter profondément? et de quoi m'affecterais-je profondément, sinon
70 de la vérité et de la vertu, les deux choses les plus puissantes de la nature?

Si l'on m'assure qu'un homme est avare, j'aurai peine à croire qu'il produise quelque chose de grand. Ce vice rapetisse

---

1. Épictète, *Manuel du stoïcien*, XXXIII.

QUESTIONS

---

48. Analysez ce portrait de l'auteur et celui du critique : violence du ton; éléments de la critique; enchaînement des idées. Sur quoi portent surtout les reproches de Diderot à chacune de ces deux catégories d'hommes de lettres? Démêlez ce qui est vrai, ce qui est faux, ce qui est outré.

l'esprit et rétrécit le cœur. Les malheurs publics ne sont
75 rien pour l'avare. Quelquefois il s'en réjouit. Il est dur. Comment s'élèvera-t-il à quelque chose de sublime? il est sans
cesse courbé sur un coffre-fort. Il ignore la vitesse du temps
et la brièveté de la vie. Concentré en lui-même, il est étranger
à la bienfaisance. Le bonheur de son semblable n'est rien à
80 ses yeux, en comparaison d'un petit morceau de métal jaune.
Il n'a jamais connu le plaisir de donner à celui qui manque,
de soulager celui qui souffre, et de pleurer avec celui qui pleure.
Il est mauvais père, mauvais fils, mauvais ami, mauvais citoyen.
Dans la nécessité de s'excuser son vice à lui-même, il s'est
85 fait un système qui immole tous les devoirs à sa passion. S'il
se proposait de peindre la commisération, la libéralité, l'hospi-
talité, l'amour de la patrie, celui du genre humain, où en
trouvera-t-il les couleurs? Il a pensé, dans le fond de son cœur,
que ces qualités ne sont que des travers et des folies.

90   Après l'avare, dont tous les moyens sont vils et petits, et
qui n'oserait pas même tenter un grand crime pour avoir de
l'argent, l'homme du génie le plus étroit et le plus capable
de faire des maux, le moins touché du vrai, du bon et du beau,
c'est le superstitieux.

95   Après le superstitieux, c'est l'hypocrite. Le superstitieux a
la vue trouble; et l'hypocrite a le cœur faux.

  Si vous êtes bien né, si la nature vous a donné un esprit
droit et un cœur sensible, fuyez pour un temps la société
des hommes; allez vous étudier vous-même. Comment l'ins-
100 trument rendra-t-il une juste harmonie, s'il est désaccordé?
Faites-vous des notions exactes des choses; comparez votre
conduite avec vos devoirs; rendez-vous homme de bien, et ne
croyez pas que ce travail et ce temps si bien employés pour
l'homme soient perdus pour l'auteur. Il rejaillira, de la per-
105 fection morale que vous aurez établie dans votre caractère
et dans vos mœurs, une nuance de grandeur et de justice qui
se répandra sur tout ce que vous écrirez. Si vous avez le vice
à peindre, sachez une fois combien il est contraire à l'ordre
général et au bonheur public et particulier; et vous le peindrez
110 fortement. Si c'est la vertu, comment en parlerez-vous d'une
manière à la faire aimer aux autres, si vous n'en êtes pas transporté? De retour parmi les hommes, écoutez beaucoup ceux qui
parlent bien; et parlez-vous souvent à vous-même. **(49)**

———————— **QUESTIONS** ————————

QUESTION **49,** voir page 115.

Mon ami, vous connaissez Ariste; c'est de lui que je tiens
115 ce que je vais vous en raconter. Il avait alors quarante ans.
Il s'était particulièrement livré à l'étude de la philosophie.
On l'avait surnommé le philosophe, parce qu'il était né sans
ambition, qu'il avait l'âme honnête, et que l'envie n'en avait
jamais altéré la douceur et la paix. Du reste, grave dans son
120 maintien, sévère dans ses mœurs, austère et simple dans ses
discours, le manteau d'un ancien philosophe était presque la
seule chose qui lui manquât; car il était pauvre, et content de
sa pauvreté.

Un jour qu'il s'était proposé de passer avec ses amis quelques
125 heures à s'entretenir sur les lettres ou sur la morale, car il
n'aimait pas à parler des affaires publiques, ils étaient absents,
et il prit le parti de se promener seul.

Il fréquentait peu les endroits où les hommes s'assemblent.
Les lieux écartés lui plaisaient davantage. Il allait en rêvant
130 et voici ce qu'il se disait :

« J'ai quarante ans. J'ai beaucoup étudié; on m'appelle le
philosophe. Si cependant il se présentait ici quelqu'un qui
me dît : Ariste, qu'est-ce que le vrai, le bon et le beau? aurais-
je ma réponse prête? Non. Comment, Ariste, vous ne savez pas
135 ce que c'est que le vrai, le bon et le beau; et vous souffrez
qu'on vous appelle le philosophe! »

Après quelques réflexions sur la vanité des éloges qu'on
prodigue sans connaissance, et qu'on accepte sans pudeur,
il se mit à rechercher l'origine de ces idées fondamentales de
140 notre conduite et de nos jugements; et voici comment il continua
de raisonner avec lui-même.

« Il n'y a peut-être pas, dans l'espèce humaine entière, deux
individus qui aient quelque ressemblance approchée. L'organisation générale, les sens, la figure extérieure, les viscères,
145 ont leur variété. Les fibres, les muscles, les solides, les fluides,
ont leur variété. L'esprit, l'imagination, la mémoire, les idées,
les vérités, les préjugés, les aliments, les exercices, les connaissances, les états, l'éducation, les goûts, la fortune, les talents,
ont leur variété. Les objets, les climats, les mœurs, les lois, les

──────── **QUESTIONS** ────────

49. Discutez cette étroite association que fait Diderot entre le beau,
le bien et le vrai. Montrez le lien de cette idée avec le but moral qu'il
assigne au théâtre et avec l'idée d'une littérature d'édification, d'éducation, telle qu'on la rencontre sous la plume de maints philosophes du
XVIIIe siècle.

150 coutumes, les usages, les gouvernements, les religions ont
leur variété. Comment serait-il donc possible que deux hommes
eussent précisément un même goût, ou les mêmes notions du
vrai, du bon et du beau? La différence de la vie et la variété
des événements suffiraient seules pour en mettre dans les
155 jugements.

« Ce n'est pas tout. Dans un même homme, tout est dans
une vicissitude perpétuelle, soit qu'on le considère au physique, soit qu'on le considère au moral; la peine succède au
plaisir, le plaisir à la peine; la santé à la maladie, la maladie
160 à la santé. Ce n'est que par la mémoire que nous sommes un
même individu pour les autres et pour nous-mêmes. Il ne
me reste peut-être pas, à l'âge que j'ai, une seule molécule
du corps que j'apportai en naissant. J'ignore le terme pres-
crit à ma durée; mais lorsque le moment de rendre ce corps
165 à la terre sera venu, il ne lui restera peut-être pas une des
molécules qu'il a. L'âme en différentes périodes de la vie,
ne se ressemble pas davantage. Je balbutiais dans l'enfance;
je crois raisonner à présent; mais tout en raisonnant, le temps
passe et je m'en retourne à la balbutie. Telle est ma condition
170 et celle de tous. Comment serait-il donc possible qu'il y eût
un seul d'entre nous qui conservât pendant toute la durée
de son existence le même goût, et qui portât les mêmes jugements du vrai, du bon et du beau? Les révolutions, causées par
le chagrin et par la méchanceté des hommes, suffiraient seules
175 pour altérer ses jugements.

« L'homme est-il donc condamné à n'être d'accord ni avec
ses semblables, ni avec lui-même, sur les seuls objets qu'il
lui importe de connaître, la vérité, la bonté, la beauté? Sont-ce
là des choses locales, momentanées et arbitraires, des mots
180 vides de sens? N'y a-t-il rien qui soit tel? Une chose est-elle
vraie, bonne et belle, quand elle me paraît? Et toutes nos
disputes sur le goût se résoudraient-elles enfin à cette propo-
sition : nous sommes, vous et moi, deux êtres différents; et
moi-même, je ne suis jamais dans un instant ce que j'étais
185 dans un autre? »

Ici Ariste fit une pause, puis il reprit :

« Il est certain qu'il n'y aura point de terme à nos disputes,
tant que chacun se prendra soi-même pour modèle et pour
juge. Il y aura autant de mesures que d'hommes, et le même
190 homme aura autant de modules différents que de périodes
sensiblement différentes dans son existence.

« Cela me suffit, ce me semble, pour sentir la nécessité de chercher une mesure, un module hors de moi. Tant que cette recherche ne sera pas faite, la plupart de mes jugements seront
195 faux et tous seront incertains.

« Mais où prendre la mesure invariable que je cherche et qui me manque?... Dans un homme idéal que je me formerai, auquel je présenterai les objets, qui prononcera, et dont je me bornerai à n'être que l'écho fidèle?... Mais cet homme
200 sera mon ouvrage... Qu'importe, si je le crée d'après des éléments constants... Et ces éléments constants, où sont-ils?... Dans la nature?... Soit, mais comment les rassembler?... La chose est difficile, mais est-elle impossible?... Quand je ne pourrais espérer de me former un modèle accompli, serais-je
205 dispensé d'essayer?... Non... Essayons donc... Mais si le modèle de beauté auquel les anciens sculpteurs rapportèrent dans la suite tous leurs ouvrages, leur coûta tant d'observations, d'études et de peines, à quoi m'engagé-je?... Il le faut pourtant, ou s'entendre toujours appeler Ariste le philosophe, et
210 rougir. »

Dans cet endroit, Ariste fit une seconde pause un peu plus longue que la première, après laquelle il continua :

« Je vois du premier coup d'œil, que l'homme idéal que je cherche étant un composé comme moi, les anciens sculpteurs,
215 en déterminant les proportions qui leur ont paru les plus belles, ont fait une partie de mon modèle... Oui. Prenons cette statue, et animons-la... Donnons-lui les organes les plus parfaits que l'homme puisse avoir. Douons-la de toutes les qualités qu'il est donné à un mortel de posséder, et notre modèle idéal sera
220 fait... Sans doute... Mais quelle étude! quel travail! Combien de connaissances physiques, naturelles et morales à acquérir! Je ne connais aucune science, aucun art dans lequel il ne me fallût être profondément versé... Aussi aurais-je le modèle idéal de toute vérité, de toute bonté et de toute beauté... Mais ce
225 modèle général idéal est impossible à former, à moins que les dieux ne m'accordent leur intelligence, et ne me promettent leur éternité : me voilà donc retombé dans les incertitudes, d'où je me proposais de sortir. »

Ariste, triste et pensif, s'arrêta encore dans cet endroit.

230 « Mais pourquoi, reprit-il après un moment de silence, n'imiterais-je pas aussi les sculpteurs? Ils se sont fait un modèle propre à leur état; et j'ai le mien... Que l'homme de lettres se fasse un modèle idéal de l'homme de lettres le plus accompli,

et que ce soit par la bouche de cet homme qu'il juge les pro-
235 ductions des autres et les siennes. Que le philosophe suive le
même plan... Tout ce qui semblera bon et beau à ce modèle,
le sera. Tout ce qui lui semblera faux, mauvais et difforme,
le sera... Voilà l'organe de ses décisions... Le modèle idéal
sera d'autant plus grand et plus sévère, qu'on étendra davan-
240 tage ses connaissances... Il n'y a personne, et il ne peut y avoir
personne, qui juge également bien en tout du vrai, du bon et
du beau. Non : et si l'on entend par un homme de goût celui
qui porte en lui-même le modèle général idéal de toute perfection, c'est une chimère.

245   « Mais de ce modèle idéal qui est propre à mon état de philosophe, puisqu'on veut m'appeler ainsi, quel usage ferai-je
quand je l'aurai? Le même que les peintres et les sculpteurs
ont fait de celui qu'ils avaient. Je le modifierai selon les circonstances. Voilà la seconde étude à laquelle il faudra que je
250 me livre.

    « L'étude courbe l'homme de lettres. L'exercice affermit la
démarche, et relève la tête du soldat. L'habitude de porter
des fardeaux affaisse les reins du crocheteur. La femme grosse
renverse sa tête en arrière. L'homme bossu dispose ses membres
255 autrement que l'homme droit. Voilà les observations qui,
multipliées à l'infini, forment le statuaire, et lui apprennent
à altérer, fortifier, affaiblir, défigurer et réduire son modèle
idéal de l'état de nature à tel autre état qu'il lui plaît.

    « C'est l'étude des passions, des mœurs, des caractères, des
260 usages, qui apprendra au peintre de l'homme à altérer son
modèle, et à le réduire de l'état d'homme à celui d'homme
bon ou méchant, tranquille ou colère.

    « C'est ainsi que d'un seul simulacre, il émanera une variété
infinie de représentations différentes, qui couvriront la scène
265 et la toile. Est-ce un poète? Est-ce un poète qui compose?
Compose-t-il une satire ou un hymne? Si c'est une satire, il
aura l'œil farouche, la tête renfoncée entre les épaules, la
bouche fermée, les dents serrées, la respiration contrainte
et étouffée : c'est un furieux. Est-ce un hymne? Il aura la
270 tête élevée, la bouche entrouverte, les yeux tournés vers le
ciel, l'air du transport et de l'extase, la respiration haletante :
c'est un enthousiaste. Et la joie de ces deux hommes, après
le succès, n'aura-t-elle pas des caractères différents? »

    Après cet entretien avec lui-même, Ariste conçut qu'il avait
275 encore beaucoup à apprendre. Il rentra chez lui. Il s'y renferma

« Si c'est une satire,
il aura l'œil
farouche...
Est-ce un hymne?
Il aura la tête
élevée, la bouche
entrouverte, les
yeux tournés vers
le ciel, l'air du
transport et de
l'extase... »
(Page 118,
lignes 266-271.)

*Masques de la Tragédie
et de la Comédie.
Mosaïque de la Villa
Adriana, à Tivoli.*

Phot. Frédérique Durand.

pendant une quinzaine d'années. Il se livra à l'histoire, à la philosophie, à la morale, aux sciences et aux arts; et il fut à cinquante-cinq ans homme de bien, homme instruit, homme de goût, grand auteur et critique excellent. **(50) (51)**

───── **QUESTIONS** ─────

50. Le personnage d'Ariste et ses réflexions : sachant qu'il s'agit d'un portrait idéalisé de Diderot par lui-même, recherchez les éléments modifiés par l'auteur et précisez dans quel sens ils le sont. Quels sont les traits saillants du personnage? Quelle opinion avez-vous sur lui? — Composition de son monologue. Que marquent les deux pauses et leur différence de durée? Analysez ses arguments; jugez-en la valeur. A quelle conclusion parvient-il? Qu'en pensez-vous? Dans quelle mesure est-ce un constat d'échec?

51. Sur l'ensemble du chapitre xxii. — Composition du chapitre. Justifiez sa place à la fin du *Discours*. Mettez en relief l'enchaînement des idées.

— Quelles qualités doivent avoir critique et auteur? Etes-vous d'accord avec Diderot? Dans quelle perspective se place-t-il? Est-ce la meilleure selon vous? Ne peut-on trouver dans la littérature française des exemples qui contredisent formellement ces principes?

— La personnalité de Diderot : comment vous apparaît l'auteur à travers ses exigences? à travers le personnage idéalisé d'Ariste? Ce « soliloque d'Ariste » vous paraît-il le fait d'un orgueil monstrueux et tranquille, ou simplement une marque de naïveté, fondée néanmoins sur des justifications assez sérieuses et que vous chercherez?

DOCUMENTATION THÉMATIQUE

réunie par la Rédaction des Nouveaux Classiques Larousse

1. L.-S. Mercier :

    1.1. Sur le public populaire;

    1.2. *Du théâtre, ou Nouvel Essai sur l'art dramatique* (1773).

2. Beaumarchais, *Essai sur le genre dramatique sérieux* (1767) [extrait].

Afin de permettre une étude systématique du drame bourgeois, nous donnons ici des extraits :

1° de textes : Diderot, *le Fils naturel ;*
L.-S. Mercier, *la Brouette du vinaigrier ;*
Sedaine, *le Philosophe sans le savoir ;*

2° des textes de doctrine intégraux : Diderot, *De la poésie dramatique* et *les Entretiens sur « le Fils naturel »* (dans le même volume que cette pièce);

3° d'autres textes de doctrine (L.-S. Mercier, Beaumarchais).

1. L.-S. MERCIER

1.1. SUR LE PUBLIC POPULAIRE.

Un drame, quelque parfait qu'on le suppose, ne saurait trop être à la portée du peuple; il ne pourrait être à la portée du peuple; il ne pourrait même paraître parfait qu'en parlant éloquemment à la multitude. Le peuple recèle des semences toutes prêtes à être mises en action, dès que la flamme du génie viendra les développer. Le peuple peut fort bien n'être pas initié dans les profondeurs de la métaphysique, dans le chaos et l'immensité de l'histoire, dans les prodiges nouveaux de la physique et de l'astronomie; mais il sent vivement, il aperçoit toute image, il découvre certains rapports; il n'est pas étranger à un sentiment vif et même délicat. Le poète n'a pas besoin de s'élever jusqu'aux nues pour parvenir à le toucher; qu'il avance une vérité intéressante, une maxime juste, qu'il offre un tableau naïf et touchant, il verra tous les cœurs s'évanouir, il les soulèvera avec le fil puissant qu'il tient entre ses mains; les connaissances s'y échapperont du sein des ténèbres où elles étaient renfermées, les idées du peuple se dévoileront rapidement, et deviendront peut-être l'objet des méditations du philosophe.
Eh! n'avons-nous pas des exemples nombreux de ce que j'avance? Que de fois le parterre a eu plus d'esprit que l'auteur! Que d'allusions fines il a créées! allusions que celui-ci n'avait pas su prévoir. Quelle finesse de tact! Quel véhément enthousiasme! Le comédien n'est-il pas toujours trompé dans l'effet? Le trait qu'il dédaignait, qu'il voulait supprimer, est celui-là même qui part et enflamme la multitude : elle lui apprend ce qu'il doit dorénavant sentir et rendre. Il semble que toutes les connaissances soient rassemblées dans cette foule; et elles y sont en effet. Chaque spectateur juge en homme public, et non en simple particulier; il oublie et ses intérêts et ses préjugés; il est juste contre lui-même;

et c'est une vérité de fait, qu'à la longue le peuple est le juge le plus intègre. Il y a donc, dans chaque homme, je ne sais quel discernement qui brille pour lui faire reconnaître ce qui est bon, et qui le lui rend sensible. Leur raison a beau être enveloppée d'erreurs, il s'en échappe un rayon qui semble, pour un instant, les dissiper toutes : ces esprits, ordinairement si divisés, semblent en se réunissant, acquérir un degré de force et de justesse, qui étonne l'homme attentif et confond sa raison.

1. 2. DU THÉÂTRE, OU NOUVEL ESSAI SUR L'ART DRAMA-TIQUE (1773)

✦ Situation du drame bourgeois.

Je vais prouver que le nouveau genre, appelé Drame [1], qui résulte de la Tragédie et de la Comédie, ayant le pathétique de l'une, et les peintures naïves de l'autre, est infiniment plus utile, plus vrai, plus intéressant, comme étant plus à portée de la foule des citoyens.

On appelle par dérision ce genre utile, le *genre larmoyant* [2] : mais peu importe le nom; pourvu qu'il ne soit ni faux, ni outré, ni factice, il l'emportera nécessairement sur tout autre.

Je suis homme, puis-je crier au poète dramatique! Montrez-moi ce que je suis, développez à mes yeux mes propres facultés; c'est à vous de m'intéresser, de m'instruire, de me remuer fortement. Jusqu'ici l'avez-vous fait? Où sont les fruits de vos travaux? Pourquoi avez-vous travaillé? Vos succès ont-ils été confirmés par les acclamations du peuple? Il ignore peut-être, et vos travaux et votre existence. Quelle est donc l'influence de votre art sur votre siècle et sur vos compatriotes?

On a voulu proscrire parmi nous le mot *Drame*, qui est le mot collectif, le mot originel, le mot propre. Mais j'oserai dire que la distinction de tragédie et de comédie a sûrement été très funeste à l'art. Le poète, qui a fait une tragédie, s'est cru dans l'obligation d'être toujours tendu, sérieux, imposant; il a dédaigné ces détails qui pouvaient être nobles, quoique communs, ces grâces simples, ce naturel qui vivifie un ouvrage et lui donne les couleurs vraies. L'idée que la tragédie devait nécessairement faire pleurer, a amené sur la scène des trépas imprévus, qui font ressembler la plume de l'auteur à la faux sanglante de la mort; et d'après une fausse idée, voulant toujours arracher des larmes, il en a tari la source. Celui qui a fait une comédie, s'est attaché de son côté à faire rire et n'a eu presque que ce but unique; pour cet effet il a chargé ses portraits, il s'est cru obligé de contraster fortement avec l'auteur tragique, il a presque dédaigné l'art du premier et tout ce qui était du ressort du pathétique; il n'a pu faire un pas qui ne tendît à sa fausse idée, oubliant que vouloir toujours faire rire est une ambition plus ridicule que celle de nous faire toujours pleurer.

On peut définir la poésie dramatique l'imitation des choses, et surtout celle des hommes. Si la définition est juste, les poètes, au lieu de fondre les nuances, les ont rendues opposées et choquantes. Mais n'anticipons point ici sur les objets, et procédons avec méthode.

Dans l'enfance de notre théâtre, il y avait la *Tragi-comédie ;* c'était un mauvais genre, non en lui-même, mais par la manière dont il fut traité, parce que le mélange était extrême, absurde, que les passages étaient rapides et révoltants, que les personnages contrastaient avec rudesse, que le bas, et non le familier, venait étouffer le sérieux, parce qu'il n'y avait point enfin cette unité, qui n'est point une règle d'Aristote, mais celle du bon sens. Ce genre, qui par sa nature était bon, et détestable par son exécution, fut étouffé par un amas de productions, qui, à coup sûr, le décréditèrent. Il fut plus aisé à Corneille de se jeter tout d'un côté, que de mélanger et de marier ses couleurs, comme ont fait, dans leur patrie, Calderon, Shakespeare [3], Lopes de Vega, Goldoni. Son génie mou et sérieux, qui se fortifiait dans le cabinet et visitait peu le monde, était plus propre à saisir, dans Tite-Live, dans Tacite, dans Lucain, les grands traits qui caractérisent les Romains [4], qu'à étudier les mœurs de ses contemporains; il connaissait bien moins ceux-ci que ces hommes anciens dont nous avons fait des héros [5]. La première de ses pièces, qui méritait d'être comptée, fut *le Cid ;* il l'intitula tragi-comédie, et c'est un véritable drame [6]. J'ai regret que Corneille n'ait point choisi d'autres sujets semblables, aussi relatifs à nos mœurs, aussi moraux, aussi touchants, tandis que le succès de cette pièce vraiment admirable, devait l'avertir que c'était là surtout ce qu'il fallait à sa nation. Corneille, imitant le ton de Mairet, de Rotrou, quoiqu'en les surpassant de beaucoup, s'enfonça de plus en plus dans son cabinet, et n'évoqua plus que les mânes des personnages avec lesquels il s'était familiarisé; il commenta les rêveries de son Aristote, et composa, par bonheur pour lui et pour nous, avec son propre génie. D'ailleurs le peuple n'existait pas encore pour les écrivains, ils ne se trouvaient pas dans un point de vue aussi heureux qu'ils le sont aujourd'hui. Soutenu de l'étude de l'histoire et de la gravité de son caractère, Corneille fit ces chefs-d'œuvre, au-dessus de son siècle, et peut-être au-dessus du nôtre ; car pour les avoir tant admirés nous n'avons guère su en profiter : toutes ces pièces, qui respirent la liberté, la force et la grandeur d'âme, n'ont été pour nous que des représentations théâtrales [7].

Corneille imprima donc à la Tragédie sa marche habituelle, et la fixa, pour ainsi dire; car depuis elle n'a osé s'écarter de son modèle. Molière fit la même révolution dans la Comédie, et quoique philosophe, n'aperçut point tous les rapports de son art.

Bientôt ces grands hommes devinrent législateurs (car toutes les poétiques ne se forment que d'après les premiers essais de l'art), et l'on vit le troupeau des imitateurs enfiler scrupuleusement la même ligne qu'ils avaient tracée.

Depuis, le goût naturel qui perce malgré les entraves qu'imaginent les esprits médiocres, enfanta une nouvelle combinaison, plus simple et plus heureuse. Elle fut saisie et adoptée. Elle existait déjà anciennement. Lisez Térence : *l'Andrienne* et *l'Hécyre* sont de véritables Drames, et si Térence n'eût pas été froid, nous ne serions pas réduits à discuter un genre qui aurait nécessairement anéanti les deux autres [8].

Dans le siècle précédent, même malgré le mur de séparation élevé par un goût tristement exclusif, plusieurs scènes du *Menteur* [9], d'*Ésope à la cour*, du *Festin de pierre*, pouvaient être regardées comme l'aurore d'un jour plus brillant, et Corneille lui-même a semblé annoncer le succès du nouveau genre dans la préface de *Don Sanche d'Aragon* [10].

On aurait dû souhaiter qu'on agrandît encore la carrière de nos plaisirs, qu'on eût trouvé de nouveaux moyens de peindre et d'intéresser, que l'auteur se répandant dans toutes les conditions eût embrassé plus d'objets [11]. Mais des esprits jaloux, chagrins et non moins faux, se sont élevés contre ce genre, sans apporter aucune raison solide, sinon qu'il était nouveau : en quoi même ils se trompèrent. Si Corneille et Racine eussent manié ce genre, ces mêmes critiques en feraient aujourd'hui une loi inviolable et sacrée. Telle est la logique de ces hommes, qui ne pensent que par habitude, qui dès que leurs cheveux grisonnent, ferment le magasin de leurs idées, et qui, soit ignorance, soit paresse, soit autre cause plus basse encore, ne s'appliquent, au lieu d'aider l'art, qu'à retarder sa perfection.

Tout ce qui est du ressort de la raison et de la vérité, serait-il étranger à l'art dramatique? Les tragédies grecques appartenaient aux Grecs; et nous, nous n'oserions avoir notre théâtre, peindre nos semblables, nous attendrir, et nous intéresser avec eux [12]? Nous faudra-t-il toujours des hommes vêtus de pourpre, environnés de gardes, et coiffés d'un diadème? Des malheurs, qui nous touchent de près, qui nous regardent, qui nous environnent, n'auraient-ils aucun droit à nos larmes? Enfin, pourquoi n'aurions-nous pas le courage de dénoncer à la nation les vertus d'un homme obscur? fût-il né dans le rang le plus bas, croyez (dès qu'il aura pour interprète un homme de génie) qu'il deviendra plus grand à nos yeux que ces rois dont le langage altier fatigue depuis longtemps nos oreilles. Les nouvelles règles doivent, sans doute, convenir aux mœurs de la nation, dont on fera paraître les personnages. « Le style naturel, dit Pascal, nous enchante avec raison, car on s'attendait de trouver un auteur, et l'on trouve un homme. »

S'il ne restait dans la postérité que les tragédies de Corneille, de Racine, de Voltaire, les comédies même de Molière; connaî-trait-on à fond les mœurs, le caractère, le génie de notre nation et de notre siècle, les détails de notre vie privée? Saurait-on quelles vertus y ont été les plus estimées, quels étaient les vices ennoblis? Aurait-on une idée juste de la forme de notre législation, de la trempe de notre esprit, du tour de notre imagination, de la manière enfin dont nous envisagions le trône et la cour, et les révolutions vives et passagères qui en émanaient? Découvrirait-on le tableau de nos mœurs actuelles, l'intérieur de nos maisons, cet intérieur, qui est à un empire ce que les entrailles sont au corps humain? Voilà ce que je demande, et sur quoi il faut répondre positive-ment [13].

✦ Supériorité du drame sur la comédie.

Il est donc temps de peindre les détails, et surtout les devoirs de la vie civile, de défricher ce champ neuf et fécond, tandis que les autres terrains ont été labourés, épuisés par des mains laborieuses. De nouvelles productions vont germer sur ce sol récemment découvert. Pour le présent détournons nos regards de ces opéra-tions politiques qui ne font qu'attrister le sage : ne parlons plus à des oreilles endurcies, abandonnons ceux qui ne nous enten-dent plus, et voyons nos voisins; vivons avec nos compatriotes, formons une république où le flambeau de la morale éclairera les vertus qu'il nous est encore permis de pratiquer. Lorsque tout semble solliciter à l'égoïsme, enhardir la cupidité, chérissons les seuls moyens qui peuvent nous persuader que nos compa-triotes ne nous sont pas étrangers [14], que nous pouvons être unis en dépit des mœurs publiques, qui semblent autoriser la scission générale. Ces pièces, qui traiteront de la science des mœurs, en nous faisant connaître les auteurs, auront un mérite plus réel encore, elles nous apprendront à nous connaître nous-mêmes. Le Drame peut donc être tout à la fois un tableau intéressant, parce que toutes les conditions humaines viendront y figurer; un tableau moral, parce que la probité morale peut et doit y dic-ter ses lois; un tableau du ridicule et d'autant plus avantageuse-ment peint, que le vice seul en portera les traits; un tableau riant, lorsque la vertu après quelques traverses jouira d'un triomphe complet; enfin un tableau du siècle, parce que les caractères, les vertus, les vices seront essentiellement ceux du jour et du pays [15].

On dira : « Mais, c'est là la Comédie ? » Je répondrai : non, ce n'est point elle. La Comédie n'a point connu ces scènes tou-chantes, pathétiques, nobles, ce ton des honnêtes gens, ces beaux développements, ces leçons de morale animées, ces caractères qui contrastent sans opposition, qui sans s'éclipser l'un l'autre sont mariés et fondus ensemble. Ah! si La Chaussée, si pur, si élégant, si noble, avait eu plus de force, d'intérêt et de chaleur, Le Drame existerait aujourd'hui dans toute sa beauté, et toute dissertation deviendrait inutile.

Dans la Comédie le caractère principal décide l'action. Ici c'est tout le contraire, l'action jaillit du jeu des caractères. Un personnage n'est plus le despote, à qui l'on subordonne ou l'on sacrifie tous les autres; il n'est point une espèce de pivot, autour duquel tournent les événements et les discours de la pièce. Enfin le Drame n'est point une action forcée, rapide, extrême : c'est un beau moment de la vie humaine, qui révèle l'intérieur d'une famille, où sans négliger les grands traits on recueille précieusement les détails. Ce n'est point un personnage factice, à qui on attribue rigoureusement tous les défauts ou les vertus de l'espèce; c'est un personnage plus vrai, plus raisonnable, moins gigantesque, et qui, sans être annoncé, fait plus d'effet que s'il l'était. Ourdir, enchaîner les faits conformément à la vérité, suivre dans le choix des événements le cours ordinaire des choses, éviter tout ce qui sent le roman, modeler la marche de la pièce, de sorte que l'extrait paraisse un récit où règne la plus exacte vraisemblance, créer l'intérêt, et le soutenir sans échafaudage, ne point permettre à l'œil de cesser d'être humide sans froisser le cœur d'une manière trop violente, faire naître enfin à divers intervalles le sourire de l'âme, et rendre la joie aussi délicate que la compassion, c'est là que se propose le Drame, et ce que n'a point tenté la Comédie. Dans celle-ci, je le répète, un caractère absolu domine presque toujours. En voulant le rendre énergique, on le produit forcé, et alors il grimace : même défaut que dans la tragédie. La perfection d'une pièce serait qu'on ne pût deviner quel est le caractère principal, et qu'ils fussent tellement liés entre eux, qu'on ne pût en séparer un seul sans détruire l'ensemble. On n'a point fait assez d'attention aux caractères mixtes, parmi lesquels flotte toute la race humaine. Les hommes, soit bons, soit méchants, ne sont pas entièrement livrés à la bonté ou à la malice; ils ont des moments de repos, comme des moments d'action, et les nuances des vertus et des vices sont variées à l'infini. Quel nouveau développement pour ceux qui connaissent le mélange des couleurs, qui savent ce qui allie dans le même personnage la bassesse d'âme et la grandeur, la férocité, et la compassion! Qui sait par quels ressorts secrets le vieillard agit en jeune homme, le jeune homme en vieillard? Ici le lâche s'arme de force, le superbe devient bas courtisan, l'homme juste cède à l'or, et le tyran fait par ambition un acte de justice.

L'homme ne repose point dans le même état; toutes les passions soulèvent à la fois l'océan de son âme : et que de combinaisons neuves résultent de ce choc intestin! La tempête qui bat cette mer orageuse, et le calme qui succède, ne sont séparés que par un léger intervalle.

C'est ainsi qu'on doit voir le cœur humain; la face de la nature n'est pas plus variable. Les anciens ont représenté Hercule qui file, Thésée qui viole sa foi, Achille qui pleure, Philoctète qui cède à la douleur, Hécube qui maudit les Dieux. Que direz-vous, poètes roides, poètes ampoulés, qui strapassez vos caractères, et les montez à l'extrême; ne ressemblez-vous pas à ces peintres ineptes et modernes, qui nous offrent en plein salon des tableaux où tout est rouge, bleu, blanc ou vert? La nature n'a point ces couleurs tranchantes, tout y est mélangé et fondu par des passages doux et insensibles. Poètes! vous me montrez la palette de votre art, et je ne suis plus ému.

Et si nous descendons aux conditions [16] que de choses curieuses à apprendre! Combien la navette, le marteau, la balance, l'équerre, le quart de cercle, le ciseau, mettent de diversité dans cet intérêt, qui au premier coup d'œil semble uniforme. Quoi! on lira avec ravissement la description technique des métiers, et l'homme qui spécule, qui conduit, qui invente ces machines ingénieuses, ne serait pas intéressant? Cette diversité prodigieuse d'industrie, de vues, de raisonnement, me paraîtra cent fois plus piquante que les fadaises de ces marquis que l'on nous donne comme les seuls hommes qui aient une existence, et qui malgré leur bavardage n'ont pas la centième partie de l'esprit que possède cet honnête artisan.

Qu'on ne dise donc plus : la carrière est fermée. On n'y a fait encore que les premiers pas : on s'est fréquemment égaré dans le choix des sujets, on n'a point saisi les plus beaux, les plus convenables, les plus utiles. Le poète, semblable à cet astrologue dont la vue était perpétuellement attachée aux étoiles du firmament, n'a point vu ce qui est à ses pieds; il est temps de lui crier avec un fabuliste moderne : « Que faites-vous dans l'empyrée? Les malheureux sont sur la terre [17]! »

---

1. Ce mot est tiré du mot grec $\Delta\rho\alpha\mu\alpha$, qui signifie littéralement « action », et c'est le titre le plus honorable que l'on puisse donner à une pièce de théâtre, car sans action point d'intérêt ni de vie; 2. Il faut rire de ces prétendues règles que tracent les critiques, et encore plus de ces lourdes plaisanteries (telles que celles du roué vertueux) par lesquelles de pauvres faiseurs de *Calembour* prétendent écraser ce genre mitoyen entre la tragédie et la comédie; genre vrai, utile, nécessaire, et qui aura un jour autant de partisans qu'il a de détracteurs aujourd'hui; 3. Nos tragédies ressemblent assez à nos jardins; ils sont beaux, mais symétriques, peu variés, magnifiquement tristes. Les Anglais vous dessinent un jardin où la manière de la nature est plus imitée et où la promenade est plus touchante; on y retrouve tous ses caprices, ses sites, son désordre: on ne peut sortir de ces lieux; 4. Quelquefois, cependant, il oublie ses modèles. Les Horaces s'expliquent devant Tulle en sujets soumis et tremblants; le vieil Horace, si bien peint dans les premiers actes, va jusqu'à dire, dès qu'il l'aperçoit entrer avec ses gardes :

> Ah! Sire, un tel honneur a trop d'excès pour moi;
> Ce n'est point en ces lieux que je dois voir mon roi,
>   Permettez qu'à genoux...

Valère, ensuite, fait un vrai plaidoyer d'avocat, tel que Corneille en avait pu faire un à la table de marbre. La force de l'habitude a ployé comme un autre ce génie mâle et fier. L'habitude (a dit un philosophe qui a renchéri peut-être sur le mot de Pascal) a une force qui nous embrasse, nous étreint et nous ôte jusqu'à la pensée d'examiner; 5. Ceci n'est pas un trait de satire; il y a eu des hommes vertueux, mais la vertu, ainsi que le génie, s'agrandit à mesure qu'elle s'éloigne de nous; 6. Le Cid est admirable en ce qu'il offre un fils n'écoutant plus son amour dès qu'il s'agit de l'honneur d'un père. Corneille n'agite point la question du duel, que rien ne peut autoriser, mais il peint en grand maître ce fils courant à la vengeance; et la tendresse filiale nous fait oublier en ce moment qu'il va tomber dans le faux honneur de sa nation. Mais ensuite, lorsque Chimène ose recevoir un seul moment son amant dans sa maison, l'entendre, le voir à ses genoux, fixer l'épée fumante qui vient de percer son père, on ne conçoit pas comment une scène aussi révoltante, aussi contraire même au but de la pièce, a pu être écoutée par un peuple qui connaît les lois de la décence. Ils ne devaient plus se voir : Chimène devait poursuivre la mort de son amant; et, séparés l'un de l'autre, ils n'en auraient été que plus intéressants. D'ailleurs je ne suis pas le seul qui ait remarqué à la représentation que Chimène est chaude amante et fille tiède : cela peut être dans la vérité, mais cette vérité n'est pas belle. Malgré tous ces défauts, la pièce est un chef-d'œuvre; 7. Nos poètes, en répétant les noms de liberté, de courage, de patriotisme, ressemblent à ces écrivains du Nord qui, s'échauffant l'imagination dans la lecture des pastorales grecques, latines, italiennes, nous donnent la description d'un printemps dont ils ne jouissent pas; 8. La poétique de M. Diderot (la meilleure des poétiques) établit invinciblement la distinction de plusieurs genres, et il faut être aveugle pour ne point se rendre à ces démonstrations palpables; 9. Voyez dans cette pièce la scène sublime où Géronte (scène III, acte V) fait parler l'éloquence simple et foudroyante de la vertu. Non, il n'y en a pas une seule de cette beauté énergique dans tout Molière. Comme le menteur est avili!; 10. Si Corneille eût été moins timide, il aurait fait paraître le pêcheur lui-même. Quel moment! quel effet! dit M. Marmontel; 11. Il n'y a rien de plus inconstant que la nature, que l'on dit être immuable : on la cherche, elle se montre, fuit, change de forme. C'est le sentiment qu'en saisissant un trait sur le visage, le voit s'altérer en un clin d'œil. Il faut donc suivre ces nuances mobiles, ou ne pas prendre le pinceau; 12. Le drame attendrissant doit se glorifier d'avoir eu Rousseau le poète pour antagoniste. Cet écrivain, chez qui le sentiment est presque toujours étranger et qui n'eut guère d'autre mérite que d'avoir su choisir et arranger des mots harmonieux, devait proscrire un genre qui tient à la vérité et à la morale. L'auteur de la Mandragore et d'autres turpitudes, n'ayant fait pendant toute sa vie que des odes, tantôt belles, tantôt vides de sens, et des cantates admirables, possédait d'ailleurs peu d'invention et d'étendue dans l'esprit et n'avait l'âme ni assez sensible ni assez belle pour goûter ces beaux développements qui plaisent tant aux cœurs honnêtes; 13. Nos critiques répondent à nos objections solides avec des préjugés, des injures et des citations vagues. 14. Le jeune homme qui, à la représentation de l'Enfant prodigue, tira précipitamment sa bourse quand il l'entendit déplorer sa misère, fit l'éloge de son cœur et celui du genre; 15. Tombez, tombez, murailles qui séparez les genres! Que le poète porte une vue libre dans une vaste campagne et ne sente plus son génie resserré dans ces cloisons où l'art est circonscrit et atténué; 16. On n'a mis sur la scène jusqu'à présent que les hommes que l'on voit sur celle du monde; il reste à y mettre ceux qui vivent dans l'obscurité. Les premiers n'ont guère que des vices et des ridicules, et c'est pour cela qu'on les a choisis; les seconds ont des vertus, c'est pour cela peut-être que certaines gens ne voudraient pas qu'ils sortissent des ténèbres. Il est à remarquer que les Allemands, en se formant un théâtre, ont tombé par l'impulsion de la nature dans ce genre utile et pittoresque que nous appelons drame. S'ils le perfectionnent, comme il y a grande apparence, ils ne tarderont pas à l'emporter sur nous. Mais il faudrait qu'ils fussent rigides sur les règles théâtrales, non comme règles, mais comme source d'un plus grand intérêt. Le fond de leur théâtre est admirable, la forme en est vicieuse; mais le théâtre français a plus encore à faire, il a à réformer presque tout le fond; 17. Les poètes qui se rapprocheront de la vie privée seront les plus intéressants et les plus chéris, comme les meilleurs rois sont ceux qui veillent particulièrement au bonheur et à la liberté de la dernière classe de leurs sujets.

2. BEAUMARCHAIS, *ESSAI SUR LE GENRE DRA- MATIQUE SÉRIEUX* (1767) [extrait]

Si le Théâtre est le tableau fidèle de ce qui se passe dans le monde, l'intérêt qu'il excite en nous a donc un rapport nécessaire à notre manière d'envisager les objets réels. Or, je vois que souvent un grand Prince au faîte du bonheur, couvert de gloire, et tout brillant de succès, n'obtient de nous que le sentiment stérile de l'admiration, qui est étranger à notre cœur. Nous ne sentons peut-être jamais si bien qu'il nous est cher, que lorsqu'il tombe dans quelque disgrâce; cet enthousiasme si touchant du peuple, qui fait l'éloge et la récompense des bons Rois, ne le saisit guère qu'au moment qu'il les voit malheureux ou qu'il craint de les perdre. Alors sa compassion pour l'homme souffrant est un sentiment si vrai, si profond, qu'on dirait qu'il peut acquitter tous les bienfaits du Monarque heureux. Le véritable intérêt du cœur, sa vraie relation, est donc toujours d'un homme à un homme, et non d'un homme à un Roi. Aussi, bien loin que l'éclat du rang augmente en moi l'intérêt que je prends aux personnages tragiques, il y nuit au contraire. Plus l'homme qui pâtit est d'un état qui se rapproche du mien, et plus son malheur a de prise sur mon âme. « Ne serait-il pas à désirer (dit M. Rousseau) que nos sublimes Auteurs daignassent descendre un peu de leur continuelle élévation, et nous attendrir quelquefois pour l'humanité souffrante, de peur que, n'ayant de la pitié que pour des Héros malheureux, nous n'en ayons jamais pour personne? »

Que me font à moi, sujet paisible d'un État Monarchique du dix-huitième siècle, les révolutions d'Athènes et de Rome? Quel véritable intérêt puis-je prendre à la mort d'un tyran du Péloponèse? au sacrifice d'une jeune Princesse en Aulide? Il n'y a dans tout cela rien à voir pour moi, aucune moralité qui me convienne. Car qu'est-ce que la moralité? C'est le résultat fructueux et l'application personnelle des réflexions qu'un événement nous arrache. Qu'est-ce que l'intérêt? C'est le sentiment involontaire par lequel nous nous adaptons cet événement, sentiment qui nous met en la place de celui qui souffre, au milieu de sa situation. Une comparaison prise au hasard dans la nature achèvera de rendre mon idée sensible à tout le monde. Pourquoi la Relation du tremblement de terre qui engloutit Lima et ses habitants à trois mille lieues de moi me trouble-t-elle, lorsque celle du meurtre juridique de Charles 1er, commis à Londres, ne fait que m'indigner? C'est que le volcan ouvert au Pérou pouvait faire son explosion à Paris, m'ensevelir sous ses ruines, et peut-être me menace encore, au lieu que je ne puis jamais appréhender rien d'absolument semblable au malheur inouï du Roi d'Angleterre. Ce sentiment est dans le cœur de tous les hommes, il sert de base à ce principe certain de l'Art, qu'il n'y a moralité ni intérêt au Théâtre sans un secret rapport du sujet dramatique à nous. Il reste donc pour constant que la Tragédie héroïque ne nous touche que par le point où elle se rapproche du genre sérieux en nous peignant des hommes, et non des Rois, et que les sujets qu'elle met en action étant si loin de nos mœurs, et les personnages si étrangers à notre état civil, l'intérêt en est moins pressant que celui d'un Drame sérieux, et la moralité moins directe, plus aride, souvent nulle et perdue pour nous, à moins qu'elle ne serve à nous consoler de notre médiocrité, en nous montrant que les grands crimes et les grands malheurs sont l'ordinaire partage de ceux qui se mêlent de gouverner le monde.

JUGEMENTS

Diderot souligne le caractère expérimental de son théâtre :

Ma première et ma seconde pièce forment un système d'action théâtrale dont il ne s'agit pas de chicaner un endroit, mais qu'il faut adopter ou rejeter en entier.

> Diderot,
> *Correspondance*
> (1759, tome II, page 89, Éd. de Minuit).

A propos de la scène première de l'acte II du Père de famille que nous donnons en documents, page 121 :

La scène offre des tableaux d'un intérieur domestique que l'on n'avait pas encore vus au théâtre.

> *Mercure de France* (mars 1761).

Les contemporains de Diderot discutent âprement ses théories. Baculard d'Arnaud, L. Sébastien Mercier, Restif de La Bretonne les défendent :

La poétique de M. Diderot (la meilleure des poétiques) établit invinciblement la distinction de plusieurs genres, et il faut être aveugle pour ne point se rendre à ces démonstrations palpables.

> Louis Sébastien Mercier,
> *Du théâtre* (1773).

En revanche, Palissot, Marmontel, La Harpe les critiquent :

Ce genre, c'était tout uniment celui de Nivelle de La Chaussée, en ôtant la vocification et le mélange du comique.

> La Harpe,
> *Cours de littérature.*

L'auteur croit toute sa vie avoir fait une grande découverte en proposant le drame sérieux, le drame honnête, la tragédie domestique.

> La Harpe,
> *Cours de littérature.*

L'influence de Diderot fut importante en Allemagne, notamment sur Lessing, qui le reconnaît volontiers :

Je sais bien que, sans les exemples et les leçons de Diderot, mon goût aurait pris une toute autre direction.

Lessing.

XIXe SIÈCLE

Tandis que les romantiques rendront hommage à certaines innovations de Diderot qui préludent au drame romantique, Mme de Staël, conservant un goût assez classique, émet des doutes sur la valeur littéraire du drame bourgeois :

Le genre mixte du drame ne s'introduit guère qu'à cause de la contrainte qui existe dans les tragédies : c'est une espèce de contrebande de l'art, mais lorsque l'entière liberté est admise, on ne sent plus la nécessité d'avoir recours aux drames pour faire usage des circonstances simples et naturelles. Le drame ne conserverait donc qu'un avantage, celui de peindre, comme les romans, les situations de notre propre vie, les mœurs du temps où nous vivons; néanmoins, quand on n'entend prononcer au théâtre que des noms inconnus, on perd l'un des plus grands plaisirs que la tragédie puisse donner, les souvenirs historiques qu'elle trace. On croit trouver plus d'intérêt dans le drame, parce qu'il nous représente ce que nous voyons tous les jours : mais une imitation trop rapprochée du vrai n'est pas ce que l'on recherche dans les arts. Le drame est à la tragédie ce que les figures de cire sont aux statues : il y a trop de vérité et pas assez d'idéal; c'est trop, si c'est de l'art, et jamais assez pour que ce soit de la nature.

Mme de Staël,
De l'Allemagne (tome II, 1810).

Geoffroy ironise sur l'échec du Père de famille *et met l'accent sur une des causes de cet insuccès :*

On a sifflé le *Père de famille*, ô mânes de Diderot! quel outrage sanglant pour le grand dramaturge, pour le législateur de la tragédie bourgeoise! Cet énergumène a, dit-on, écrit de belles pages, comme il arrive aux fous de faire de beaux rêves. Mais il a porté plus loin qu'un autre l'emphase et la jonglerie philosophique... *Le Père de famille* fut regardé comme son chef-d'œuvre dans un instant où les caricatures philosophiques étaient à la mode. Ce drame est tombé avec la philosophie qui l'avait mis en crédit. Nous avons reconnu, par une funeste expérience, que quarante ans de déclamations et de pathos sur l'humanité, la sensibilité, la bienfaisance n'avaient servi qu'à préparer les cœurs à tous les excès de barbarie.

Julien Louis Geoffroy (1811).

La critique universitaire considère que les tentatives de Diderot dans cette voie sont la partie la moins intéressante de son œuvre :

Diderot s'est essayé à l'art dramatique, et c'est où il a le moins réussi. Tout lui manquait, à bien peu près, pour y entrer, pour s'y reconnaître, pour y avoir l'emploi de ses capacités. Et d'abord, remarquez qu'il a beaucoup réfléchi sur l'art dramatique, et c'est un grand raisonneur en questions théâtrales. Mauvais signe !

Émile Faguet,
Dix-Huitième Siècle (1892).

XXe SIÈCLE

Daniel Mornet, après avoir exposé brièvement les innovations proposées par Diderot, ajoute :

On voit aisément ce que cette conception dramatique a de moderne et comment elle annonce toute une partie du théâtre du XIXe siècle [les pièces d'Augier et de Dumas fils].

Daniel Mornet,
Diderot (1941).

Il reproche cependant à Diderot son manque de rigueur dans l'exposé de ses idées :

Ces exposés ne sont pas toujours des modèles de limpidité et de simplicité. Comme à l'ordinaire, Diderot vagabonde à travers son sujet : la discussion se gonfle de toutes sortes de « grandes vues » tantôt déduites avec une dialectique subtile, tantôt dictées par l'enthousiasme prophétique, sur l'art du théâtre à travers les siècles ou sur l'art en général. [...] Mais ces deux exposés ont cette puissance de mouvement, cette ardeur véhémente et pathétique, ces élans lyriques qui entraînent et persuadent plus que la méthode et la justesse.

Daniel Mornet,
Diderot (1941).

C'est finalement à un constat d'échec qu'aboutissent les historiens de la littérature :

Le théâtre de Diderot est mort. Chacun sait qu'il a ouvert la voie, plutôt par la théorie que par l'exemple, au drame bourgeois du XIXe siècle et, par conséquent, du XXe; mais toujours digne d'intéresser l'histoire littéraire, il n'a plus de place dans notre répertoire.

Jean Thomas,
Encyclopédie de la Pléiade (1958).

Un apprenti dramaturge qui prétend raisonner de son art avant d'en avoir appris la pratique inspire, en général, une juste méfiance. Cette fois, les observations de Diderot sont prises au sérieux et méritent de l'être.

Jean de Beer,
revue *Europe* (1963).

Jacques Vier essaie de situer l'importance de Diderot tout à la fois comme dramaturge et comme théoricien :

Le drame sort de l'atelier de peinture; son origine, sa raison d'être, c'est le nu, et voilà pourquoi, audible et visible en France seulement, la tragédie ne saurait attendrir l'Africain ou le Lapon, puisqu'elle déguise et le corps et la voix. Au lieu que toutes les scènes du monde — encore faut-il qu'il y ait scène! — salueront un père ou un fils malheureux qui parlent aux sentiments primitifs de l'humanité. [...] Diderot entreprend d'innerver la substance dramatique et conçoit le drame sérieux pour porter jusqu'au paroxysme l'expression de la sensibilité. Tous les articles de son credo sous-entendent, si l'on y réfléchit, une manière d'être ému; ainsi, différentes cordes, judicieusement touchées, doivent vibrer à l'unisson. [*Après avoir montré que les drames de Diderot ne sont pas à la hauteur de ses innovations théoriques, Jacques Vier conclut :*] Ainsi toutes les innovations de Diderot ne relèvent que de la théorie; ses deux drames, justement condamnés par le parterre, ne sont que des tragédies à talons plats. Constatation d'autant plus humiliante qu'on serait fondé à croire qu'il n'a inventé le drame sérieux que par désespoir de ne pouvoir reproduire la pureté des lignes antiques; quadrature du cercle dont les romantiques seront eux-mêmes tourmentés.

Jacques Vier,
Histoire de la littérature française, XVIIIᵉ siècle
(tome I, A. Colin).

SUJETS DE DEVOIRS ET D'EXPOSÉS

● Ch. Collé écrivait dans son *Journal* (mars 1757) à propos du *Fils naturel* : « C'est une pièce d'un homme de beaucoup d'esprit (car il y en a dans ce mauvais ouvrage), mais qui n'a ni génie, ni talent pour le genre dramatique, et qui n'a pas les premières notions de l'art théâtral. » Peut-on souscrire à ce jugement sans réserves après la lecture du *Discours*?

● Discutez la possibilité du drame philosophique selon Diderot. Faites de même pour le drame moral.

● Pensez-vous que la pantomime soit toujours utilisable au théâtre?

● Expliquez cette formule de Diderot : « Il y a dans le drame, ainsi que dans le monde, un ton propre à chaque caractère. »

● Résumez rapidement la hiérarchie des genres dramatiques selon Diderot et caractérisez brièvement chacun d'eux.

● Les critiques de Diderot à la comédie classique : exposé et discussion.

● En l'appliquant au cas de Diderot, examinez ce jugement de M. Lioure : « Dans l'histoire du théâtre au XVIIIe siècle, la théorie n'a pas précédé les œuvres, mais seulement érigé en système les tendances instinctives du drame moderne. Les manifestes comptèrent moins que les pièces : aussi ce théâtre demeure-t-il inséparable de la génération de philosophes et d'âmes sensibles qui permirent son éclosion et facilitèrent son essor. »

● En quoi les théories dramatiques de Diderot sont-elles hardies, empreintes de modernités et d'originalité?

● Le didactisme dans les théories de Diderot.

● Influence de l'esprit philosophique sur les théories dramatiques de Diderot.

● Quelle idée Diderot se faisait-il de la « nature » et du « naturel » d'après le *Discours de la poésie dramatique*?

● Peut-il y avoir un genre dramatique qui s'attache à refléter le quotidien?

● Discutez cette opinion de Diderot : « La tragédie domestique semble exclure la versification. »

● Le rôle du pathétique dans le drame.

● La moralité du théâtre, vue par les classiques et par Diderot.

● Expliquez cette assertion de M. Lioure : « C'est le succès du drame au XVIIIe siècle qui garantit la valeur de son témoignage historique. »

● La postérité du drame bourgeois.

● Faites le bilan de ce qui reste et de ce qui est caduc pour nous dans le *Discours de la poésie dramatique.*

● Diderot et l'imagination. Analysez à ce sujet cette réflexion de G. Dupeyron : « Elle est, à son sens, le moteur des êtres doués de sensibilité et d'intelligence. Sans elle le monde ne serait pas ce qu'il est et les hommes ce qu'ils sont devenus. »

● Jean de Beer écrit, à propos du *Père de famille* et du *Discours* : « Un apprenti dramaturge qui prétend raisonner de son art avant d'en avoir appris la pratique, inspire, en général, une juste méfiance. Cette fois, les observations de Diderot sont prises au sérieux et méritent de l'être. Les travaux de l'*Encyclopédie* lui donnent du crédit, et, du reste, les recherches sur le réalisme sont à la mode. Le « common man » fait son entrée dans le drame. » Examinez les deux aspects de cette remarque.

TABLE DES MATIÈRES

	Pages
Résumé chronologique de la vie de Diderot	4
Diderot et son temps	6
Bibliographie sommaire	8
Notice	9
Sommaires	17
DE LA POÉSIE DRAMATIQUE	23
I. Des genres dramatiques	23
II. De la comédie sérieuse	25
III. D'une sorte de drame moral	31
IV. D'une sorte de drame philosophique	32
V. Des drames simples et des drames composés	33
VI. Du drame burlesque	35
VII. Du plan et du dialogue	36
VIII. De l'esquisse	41
IX. Des incidents	45
X. Du plan de la tragédie et du plan de la comédie	46
XI. De l'intérêt	60
XII. De l'exposition	67
XIII. Des caractères	68
XIV. De la division de l'action et des actes	76
XV. Des entractes	77
XVI. Des scènes	81
XVII. Du ton	84
XVIII. Des mœurs	92
XIX. De la décoration	97
XX. Des vêtements	98
XXI. De la pantomime	100
XXII. Des auteurs et des critiques	112
Documentation thématique	121
Jugements	132
Sujets de devoirs et d'exposés	136

Mame Imprimeurs - 37000 Tours.
Dépôt légal Novembre 1975. — N° 12790. — N° de série Éditeur 13734.
IMPRIMÉ EN FRANCE *(Printed in France)*. — 870 046 F Mai 1987.